La Alegría de sufrir

La Alegría de sufrir

[Dios ha puesto el placer tan cerca del dolor]

Silvia Márquez de García

Para realizar pedidos de este libro, contacte con:
Palibrio LLC
1663 Liberty Drive, Suite 200
Bloomington, IN 47403
Gratis desde EE. UU. al 877.407.5847
Gratis desde México al 01.800.288.2243
Gratis desde España al 900.866.949
Desde otro país al +1.812.671.9757
Fax: 01.812.355.1576
ventas@palibrio.com
650758

ÍNDICE

Dedicatoria

Dedico este libro a las personas que a lo largo de mi vida colaboraron para que fuera feliz, también a aquellas que me apoyaron en mis épocas difíciles de dolor y sufrimiento.

A mis Padres: Ramón y Emilia

Que me dieron la vida, y me amaron tratando de darme lo mejor de acuerdo a sus posibilidades.

A Mis abuelitos: Simón y Juanita

Quienes formaron parte muy importante de la alegría en mi infancia, de lo cual tengo gratos recuerdos por su gran amor y protección.

A mis tíos: Baudelio y Carmen

Por su amor y bondad, por tantos detalles que tuvieron conmigo, beneficiando inmensamente a mis hermanos apoyándolos a salir adelante en Estados Unidos por lo cual les amo y honro.

A mi prima: Consuelo

La única que se acordó de nosotros cuando mas desolados estábamos por la muerte de nuestra madre en nuestra niñez, demostrando su amor y preocupación, sacrificando una navidad ausentándose de su familia para dedicarla a nosotros preparándonos una rica cena

A mis hermanos:

Quienes fueron el motor de mi existencia y razón para superarme en la vida, muy especial a Juanita, Norma, Mary y Nora que me brindaron su apoyo incondicional en todo momento hasta el día de hoy

A mis tíos Melchor y Enriqueta:

Por su amor y dedicación al cuidado de mi hermanita la más pequeñita Aidé Magdalena.

A mi hija Sam:

Fuente de inspiración de Dios para transformar mi vida y enseñarme a Amar.

A mi suegra Amparito:

Quien me demostró su amor y apoyo en muchas áreas y estuvo siempre, cuando más la necesite siendo más madre que suegra.

A mí cuñada Lily

Por su amor y apoyo en las épocas más difíciles de nuestro matrimonio

A mis grandes amigas

Chany y Juanita que me ofrecieron su hombro para llorar cuando más triste y deprimida estaba en mi juventud.

A mis hijos Abraham y Pamela

Por su amor y respaldo, no tengo con que pagarles el apoyo y cuidado de mi hija Sam las veces que nos hemos ausentado

A mi esposo Mario

Por amarme cuando más lo necesitaba, por las penas y alegrías que hemos vivido y superado juntos, perdonando los errores y viviendo un nueva vida llena del Amor de Dios.

Agradecimientos

Primeramente agradezco a Dios por darme su Sabiduría para escribir este libro y moldearme para sus propósitos.

Agradezco a mi amiga Laura que hace muchos años, escucho mis experiencias de vida y me animo para que escribiera un libro.

Doy las gracias a la joven Ma. José Rivera (Guatemala) quien fue instrumento de Dios para darme la confirmación de que debía escribir este libro, recibiendo revelación de cómo iba ser de ayuda para multitud de mujeres.

También agradezco al joven Oscar Márquez quien me motivo para elaborarlo y editarlo, además de grabar las canciones con excelencia, haciéndome soñar en grande.

Agradezco a mi hijo Abraham que ha creído que su madre puede realizar sus sueños y yo debo ser ejemplo para que él se atreva a realizar los suyos, con el favor y la gracia de Dios.

"Honro a los jóvenes que son sabios, futuro de nuestro convulsionado mundo"

1

INTRODUCCIÓN

"También nos alegramos al enfrentar pruebas y dificultades porque sabemos que nos ayudan a desarrollar resistencia. Y la resistencia desarrolla firmeza de carácter, y el carácter fortalece nuestra esperanza segura de salvación. Y esa esperanza no acabará en desilusión. Pues sabemos con cuánta ternura nos ama Dios, porque nos ha dado el Espíritu Santo para llenar nuestro corazón con su amor"

Romanos 5: 3-5

Significado de alegría

La palabra alegría deriva del latín alicer o alecris, que significa "vivo y animado". Es una de las emociones básicas junto con el miedo, la ira, el

13

asco, la <u>tristeza</u> y la <u>sorpresa</u>. Es un estado interior fresco y luminoso, generador de bienestar general, altos niveles de energía y una poderosa disposición La alegría es una emoción, la acción constructiva, que puede ser percibida en toda persona, siendo así que quien la experimenta, la revela en su apariencia, lenguaje, decisiones y actos. La tristeza es la emoción contraria a la alegría.

También se puede definir como el estado de ánimo más confortable por el cual se puede pasar. La <u>tristeza</u> es un factor importante ya que sin ella no se podría sentir la alegría

Diccionario Wikipedia

LA TRISTEZA PROVOCA SUFRIMIENTO

Significado de la palabra <u>sufrir</u>

1. Sentir con Intensidad un dolor físico o moral o experimentar una situación desagradable o penosa, padecer.
2. Aguantar con paciencia, un dolor o resignación una cosa que no es agradable. Aguantar, soportar.
3. Sostener o resistir un peso: las paredes maestras sufren la carga del forjado

4. Ser objeto de un cambio, una acción o un fenómeno determinado, especialmente si es negativo: el paro ha sufrido un espectacular aumento este mes.

Diccionario Manual de la Lengua Española Vox. ©
2007 Larousse Editorial, S.L.

"Vuestra alegría es vuestro dolor sin máscara de la misma fuente de donde brota vuestra risa fue muchas veces llenada con vuestras lágrimas mientras más profundo cave el dolor más alegría podréis tener en el corazón son inseparables con uno se come, el otro está dormido en vuestro lecho"

Anónimo

La alegría es el resultado de haber pasado por sufrimiento.

El dolor no es una experiencia inútil, pues me revela quien soy de modo más nítido

Nadie está preparado para sufrir, si lo pudiéramos evitar, lo haríamos, tenemos que ser personas valientes y afrontarlo, tratar de huir de la situación sólo nos traerá más sufrimiento

El dolor y el sufrimiento, una Experiencia Universal

Nadie se libra de sufrir de diversas formas

Si pierdes la alegría de vivir

Perderás tu paz interior

*LA PAZ INTERIOR ES MÁS VALIOSA QUE EL
ORO, LA PLATA, LAS PIEDRAS PRECIOSAS O
LAS COSAS MATERIALES.*

*EXISTE GENTE TAN POBRE, TAN POBRE QUE
LO UNICO QUE TIENEN ES DINERO....*

El dinero puede pagar un medico

Más no la salud

Puede comprar una casa

Más no un hogar

Puede comprar el sexo

Más no el amor

EL MUNDO SE HA MATERIALIZADO Y NO
HA LLEGADO A COMPRENDER QUE LAS
COSAS MAS VALIOSAS NO SE COMPRAN
CON DINERO

- *LA VIDA*
- *SER MADRE*
- *LA FAMILIA (Padres, esposo, hijos)*
- *LOS AMIGOS*
- *UNA SONRISA*
- *UN ABRAZO*
- *ETC.*

2

COMO AFECTA EL SUFRIMIENTO

EN LOS SERES HUMANOS

El dolor es una experiencia por la cual todo ser humano tiene que pasar, lo queramos o no, existen dolores evitables, hay dolores que una vez que llegan se pueden aminorar o eliminar ocupándose de modificar las causas que lo han producido. Pero hay dolores inevitables.

Historia de Un Rey… Quien hace una Pregunta:

"¿Qué hare para afrontar un grave problema? Un sabio, dibujo en una pizarra una línea vertical diciéndo: ¿Cómo se puede hacer que esta línea sea más pequeña sin borrarla?

1. *Un problema grave se puede hacer más pequeño si logramos ponernos a distancia de el*
2. *Si creciendo nosotros como personas logramos que el problema se vea más pequeño".*

Raíz de la palabra **problema** en "griego" significa:

"HACER AVANZAR"

La Mayoría de las personas en el mundo son soñadoras, anhelan el éxito, en el intento, llegan los fracasos, son inevitables y van afectando el corazón, para bien o para mal.

Los que maduran y aprenden de los fracasos, vuelven a levantarse con nuevas fuerzas y esperanzas. Sin embargo existen personas que actúan en forma negativa, transformándose en personas frustradas, con dureza de corazón, sentimientos de inferioridad, depresiones, complejos de culpa y sufrimientos afectivos como odio, resentimientos y falta de perdón, todo esto los lleva a provocarse enfermedades psicosomáticas (solo en su mente existen).

La Biblia nos enseña:

"Y sabemos que para los que aman a Dios, todas las cosas cooperan para bien, esto es, para los que son llamados conforme a su propósito"
(Romanos 8:28)

Todas las cosas negativas que suceden en la vida deberían de estimularnos a madurar y ser mejores personas

Gran ejemplo tenemos en esta historia de cómo aprender de los errores en la vida.

LA HISTORIA DEL HIJO PRÓDIGO

El hijo menor le pide al padre su herencia, pensando que eso le provocaría satisfacción y felicidad y ¿qué sucedió? solo le acarreo desgracia y humillación, al derrochar todo en placeres hasta quedarse sin nada y para poder subsistir tuvo que trabajar cuidando cerdos teniendo que comer lo mismo que ellos. Cuando finalmente entró en razón, se dijo a sí mismo:

"En casa de mi padre, hasta los jornaleros tienen comida de sobra, ¡y aquí estoy yo, muriéndome de hambre! Volveré a la casa y le diré: "Padre, he pecado contra el cielo y contra ti. Ya no soy digno de que me llamen tu hijo, te ruego que me contrates como jornalero.

Todo su sucedió para poder entender
donde radica la verdadera felicidad.

DESGRACIADAMENTE EXISTEN DESEQUI-
LIBRIOS EN LA VIDA COMO LA SOBERBIA
Y EL ORGULLO

DIOS EN SU INMENSA SABIDURIA SABE
COMO TRATAR A CADA UNO PARA
ENMENDAR EL CAMINO

3

MIEDO AL SUFRIMIENTO

"El que teme a sufrir ya sufre el temor"
- Proverbio chino

El miedo, temor, horror.

Este tipo de sentimiento está relacionado con **la ansiedad**, el temor a sufrir es difícil, se está siempre **preocupado**

Preocupación: Como su nombre lo indica **es ocuparte de algo que todavía no sucede y tal vez nunca sucederá.** Algunos temores se desarrollan desde la infancia, adolescencia o en tu juventud, están relacionados con recuerdos traumáticos y se reflejan en la edad adulta.

"El miedo es natural en el prudente y saberlo vencer es ser valiente"   Alonso de Ercilla y Zúñiga

Se pudiera suponer que algunos sufren menos que otros

ENCUESTA

1. Una persona opino que toda su vida ha sido tan tranquila que nunca ha pasado por algún dolor o sufrimiento intenso
2. En cambio otro contesto que nunca ha podido ser feliz, siempre le suceden tragedias
3. Uno opino que es cuestión de enfoques
4. Otro que tiene que ver con el carácter, el ser fuerte o débil para soportar, etc.

Existen varios temores en las personas:

Miedo a enfermarte, miedo a no casarte, miedo a no tener hijos, miedo al alumbramiento, miedo a que algo le pase a los hijos, miedo a no conseguir empleo, miedo a los animales, miedo a los policías, miedo al esposo, miedo a los padres, miedo a los jefes, etc.

Unos de los temores más frecuentes en las personas en estos últimos tiempos y mas por la inseguridad que se vive es:

EL MIEDO A MORIR

El temor ante la muerte no es en realidad miedo a estar muerto, si no miedo a pasar por el sufrimiento en el proceso a estarlo, sobre todo cuando eres secuestrado, torturada o una muerte lenta por enfermedad.

Otro temor que existe es saber a dónde vas después de la muerte

<u>**Jesús sintió temor, horror, ansiedad**</u>

Cuando subió a orar al Monte de los Olivos, solo de pensar por lo que iba a pasar: traición, odio, desprecio, abandono, humillación, violencia psicológica y física, dolor hasta la muerte de cruz, El sintió la agonía y le dijo al Padre:

"Padre, si quieres, te pido que quites esta copa de sufrimiento de mí. Sin embargo, quiero que se haga tu voluntad, no la mía». Entonces apareció un ángel del cielo y lo fortaleció. Oró con más fervor, y estaba en tal agonía de espíritu que su sudor caía a tierra como grandes gotas de sangre.
(Lucas 22:42-44)

Los Evangelios nos dicen que **Jesús comenzó a sudar sangre** cuando estaba orando en el monte de los Olivos, específicamente en el jardín del

Getsemaní. Es una condición médica llamada *"hematidrosis"*.

No es muy común pero puede darse cuando hay un alto grado de sufrimiento psicológico. **La ansiedad severa** provoca la secreción de químicos que rompen los vasos capilares en las glándulas sudoríficas.

Esto nos enseña que como humanos, el temor y el miedo es cosa seria y el mejor consejo es estar tomados de la mano de Dios para poder soportar los sufrimientos.

EL TEMOR A DIOS

Para un no creyente, el temor de Dios es temer el juicio de Dios y la muerte eterna, la cual es la separación eterna de Dios   (Lucas 12:5 Hebreos 10:31).

Para un creyente, el temor de Dios es algo muy diferente. El temor del creyente es el reverenciar a Dios

"Estamos recibiendo un reino inconmovible, seamos agradecidos y agrademos a Dios adorándolo con santo temor y reverencia"   *Hebreos 12:28*

Esta reverencia y admiración es exactamente lo que significa el temor de Dios para todo cristiano.

EL SALMO 112 DA CONFIANZA SOBRE EL QUE TEME

"Qué felices son los que temen al Señor
Y se deleitan en obedecer sus mandatos.
Sus hijos tendrán éxito en todas partes
Toda una generación de justos será bendecida.
Ellos mismos serán ricos,
Y sus buenas acciones durarán para siempre.
La luz brilla en la oscuridad para los justos
Son generosos, compasivos y rectos.
Les va bien a los que prestan dinero con generosidad
Y manejan sus negocios equitativamente.
A estas personas no las vencerá el mal
A los rectos se les recordará por mucho tiempo.
Ellos no tienen miedo de malas noticias
Confían plenamente en que el Señor los cuidara
Tienen confianza y viven sin temor,
Y pueden enfrentar triunfantes a sus enemigos.
Comparten con libertad y dan con generosidad a los necesitados"

¿CONOCES LA ALEGRÍA DE SUFRIR?

JESUS NOS DEJA UNA GRAN ENSEÑANZA.

Que se debe hacer para poder ser un discípulo

Si alguno de ustedes quiere ser mi seguidor, tiene que abandonar su manera egoísta de vivir, tomar su cruz y seguirme. Si tratas de aferrarte a la vida, la perderás; pero si entregas tu vida por mi causa y por causa de la Buena Noticia, la salvarás.

Porque ¿qué aprovechará al hombre, si ganare todo el mundo, y perdiere su alma? ¿O qué recompensa dará el hombre por su alma? Mateo 16: 24 al 26

"VALE MAS TU ALMA QUE TODO LO QUE OFRECE EL MUNDO Y SUS PLACERES"

¿ACASO DICE? "TOMEN SU ALEGRIA, SU DINERO Y SUS PERTENENCIAS"

*NO!! A LO QUE SE REFIERE ES QUE CARGUES CON TODOS TUS **PROBLEMAS EMOCIONALES, FAMILIARES, FISICOS Y ECONOMICOS***

Llámense enfermedad, endeudamiento, falta de trabajo, falta de perdón, tristezas, amarguras, odios, resentimientos, orgullos, etc.

LA CRUZ ES SINONIMO DE SUFRIMIENTO

TU VIDA VALE MAS QUE TODO EL DINERO DEL MUNDO, VIAJES, CASA, COCHE, JOYAS...

MÁS QUE TU ESPOSO

MÁS QUE TUS HIJOS

MÁS QUE TU MISMO

TODO ESTO REPRESENTA A DIOSES AJENOS Y DIOS ES UN DIOS CELOSO

*"No tengas otros dioses además de mí.[[]» No te hagas ningún ídolo, ni nada que guarde semejanza con lo que hay arriba en el cielo, ni con lo que hay abajo en la tierra, ni con lo que hay en las aguas debajo de la tierra. No te inclines delante de ellos ni los adores. **Yo, el Señor tu Dios, soy un Dios celoso.**"*   *Éxodo 20: 3-6*

4

LA ALEGRIA EN LA BIBLIA

La alegría es uno de los principales temas en las escrituras, se encuentra en el antiguo y nuevo testamento cientos de veces

DIOS QUIERE DARLE ALEGRIA A SU CREACION, DARLE ÉXITO Y EXPANSION, LOS QUIERE COLMADOS DE ÉXITO Y PLENITUD

La alegría traduce en el hombre la conciencia de una realización afectiva y una esperanza de lo que está todavía por venir

El mundo actual apenas conoce esta alegría que supone una profunda unificación con Dios. La mayoría de los hombres buscan la alegría en lo que no es y pierden sus prioridades. Solo buscan sus sueños y placeres, aceptan una vida cotidiana y sin sentido.

La mayoría de las veces el hombre se encuentra destrozado en alguna área concreta de su vida:

El AREA DE LA SALUD,

EL AREA DE LAS FINANZAS

EL AREA FAMILIA

Y SOBRE TODA AREA LA MÁS IMPORTANTE:

EL AREA ESPIRITUAL

Muy pocos son los que llegan a unir los múltiples hilos de su existencia

Algunos personajes definen lo que para ellos es LA ALEGRIA

Helen Keller.- "La alegría es una emoción que se logra a través de la fidelidad hacia un propósito valioso"

Og Mandino .- "La verdadera alegría reside dentro de uno mismo, no pierda el tiempo buscando la alegría afuera de usted mismo"

Recuerde que no existe alegría en el tener o en el obtener algo, si no en el dar

DEBEMOS DAR CON ALEGRIA:

Dar un poco de todo lo que hayamos recibido

"Cada uno debe decidir en su corazón cuánto dar; y no den de mala gana ni bajo presión, «porque Dios ama a la persona que da con alegría" *(2da Cor. 9:7)*

La alegría es importante porque nos hace ser más positivos, más creativos y puede ayudar a lograr nuestras metas.

Para hacer felices a los demás debemos de ser felices primero nosotros "Amar a nuestro prójimo como a nosotros mismos"

Nuestro prójimo es nuestra familia, no sólo es importante hacer feliz a nuestro esposo, hijos, padres, hermanos, etc. Si no que debemos contagiar a todo aquel que esté cerca de nosotros y transformar el estilo de vida de nuestra Sociedad.

LA ALEGRIA, MEDICINA CONTRA LAS ENFERMEDADES

Es importante porque genera cosas positivas que puede cambiar nuestros cuerpos produciendo químicos que nos ayudan a nuestro sistema inmunológico, por lo tanto...

La alegría es importante para nuestra salud en general.

Existen terapias que ayudan a la salud

La terapia de la risa ha ayudado a infinidad de personas a sanarse de enfermedades como es el cáncer y sida.

(La película de Patch Adams)

COMPARTIR LAS BUENAS NUEVAS:

UN MENSAJE DE ALEGRIA

Un mensaje que debemos de trasmitir en un mundo sometido a contradicciones, tenido como absurdo por algunos.

El futuro de la humanidad se irá construyendo a través de dificultades y contradicciones aparentes en un mundo que no es absurdo

- ❋ **PORQUE DIOS LO CREO Y LO AMA**
- ❋ **NUESTRA ALEGRIA** ES EXTRA-ORDINARIAMENTE REALISTA Y EXPRESA SU CERTEZA: **¡EN LA**

VICTORIA DE JESUCRISTO! Y EN LA CREACION COMO TOTALIDAD.

EL PROBLEMA DEL DOLOR Y SUFRIMIENTO EN LOS QUE SIRVEN A DIOS

Actitudes del que sirve ante el dolor

- ✓ Debemos esperarlo
- ✓ Debemos tener paciencia
- ✓ Tendremos que soportarlo
- ✓ Debemos de Gozarnos en el
- ✓ No desalentarnos
- ✓ No descorazonarnos
- ✓ No quejarnos

¿PORQUE DIOS PERMITE EL DOLOR?

- ✓ Para Castigar pecados
- ✓ Para Probarnos
- ✓ Para enseñarnos su voluntad
- ✓ Para enseñarnos Paciencia
- ✓ Para humillarnos
- ✓ Para Disciplinarnos con Amor
- ✓ Para impelarnos al arrepentimiento
- ✓ Para hacernos depender de su gracia
- ✓ Para purificarnos
- ✓ Para manifestar su Poder
- ✓ Para adelantar las buenas noticias

¿COMO SE RELACIONA DIOS CON EL DOLOR?

- ✓ EL lleva el control
- ✓ EL hace triunfar el bien
- ✓ Es un Refugio para el que cree
- ✓ *Anda con nosotros en el dolor*
- ✓ Nos da consuelo
- ✓ Terminara con el dolor a la vuelta de Jesucristo.

¿COMO DEBEN RELACIONARSE LOS CREYENTES CON AQUELLOS QUE SUFREN DOLOR?

- ✓ Deben de orar por ellos
- ✓ Deben consolarlos
- ✓ Deben compartir sus cargas
- ✓ Deben alentarlos
- ✓ Deben ayudarlos

OCASIONES DE DOLOR HUMANO

- ❖ Muerte de un ser querido
- ❖ Enfermedad
- ❖ Esterilidad
- ❖ Maltrato Físico, psicológico y sexual
- ❖ Abandono
- ❖ Vicios

❖ Hijos que eligen el camino de la necedad
❖ Ser castigado por el pecado
❖ Sufrir por los errores de otro etc.

ALGUNOS PERSONAJES QUE PASARON POR SUFRIMIENTO EN EL PASADO SEGÚN LA BIBLIA

1.- Esteban fue uno de los siete diáconos, un escogido.

A todos les gustó la idea y eligieron a Esteban (un hombre lleno de fe y del Espíritu Santo)

Esteban, un hombre lleno de la gracia y del poder de Dios, hacía señales y milagros asombrosos entre la gente. Cierto día, unos hombres de la sinagoga de los Esclavos Liberados —así la llamaban— comenzaron a debatir con él. Ninguno de ellos podía hacerle frente a la sabiduría y al Espíritu con que hablaba Esteban.

Entonces persuadieron a unos hombres para que dijeran mentiras acerca de Esteban. Ellos declararon: «Nosotros lo oímos blasfemar contra Moisés y hasta contra Dios». Esto provocó a la gente, a los ancianos y a los maestros de ley religiosa. Así que arrestaron a Esteban y lo llevaron ante el Concilio Supremo.

En ese momento, todos los del Concilio Supremo fijaron la mirada en Esteban, porque su cara comenzó a brillar como la de un ángel.

ESTEBAN LES DECIA QUE ESTABA VIENDO LA GLORIA DE DIOS y A JESUS SENTADO A LA DIESTRA DE EL, pero no lo escucharon, taparon sus oídos y gritándole arremetieron contra él. Esteban poniéndose de rodillas clamo a Gran voz: "SEÑOR NO LES TOMES EN CUENTA ESTE PECADO" después de decir esas palabras durmió. *(Hechos 6: 5-15)*

2.- Job.- Esta historia nos presenta el dolor de un hombre bueno que sufre la pérdida de sus riquezas, la muerte de sus seres queridos y enfermedad en su propio cuerpo sin saber exactamente porque.... Dios permite a Satanás tocarlo para probar su fidelidad.

"Había un hombre llamado Job que vivía en la tierra de Uz. Era un hombre intachable, de absoluta integridad, que tenía temor de Dios y se mantenía apartado del mal"   *(Job2:3-10)*

Al ser probada su Fe el Señor AUMENTO EL DOBLE los bienes que antes tenía y tuvo siete hijos y tres hijas muy hermosas.

3.- Daniel.- Era un hombre de capacidades especiales podía "interpretar sueños" Ver "visiones de parte de Dios", sirvió con sus capacidades a varios reyes de Babilonia. Tuvo una vida personal "muy disciplinada" e "intachable conducta" que sirvió de ejemplo a todos los que le rodeaban. Demostró "su fidelidad a Dios" al no adorar a otros Dioses. Fue incriminado con engaño, por adorar a Dios, fue puesto en la fosa de los Leones y Dios le Salvo la vida.

Fue puesto por el rey en lugares de privilegio. El ejemplo de Daniel nos demuestra que debemos oponernos a todo lo que vaya en contra de la voluntad de Dios   *(Daniel 6:1-28)*

4.- Pablo apóstol.- Testimonio de alegría constante él insiste en su propia vida a través de las dificultades y obstáculos pero solo para demostrar:

"QUE LA PRUEBA PARA EL HA SIDO FUENTE DE ALEGRIA"

"Para evitar que me volviera presumido por estas sublimes revelaciones, una espina me fue clavada en el cuerpo, es decir, un mensajero de Satanás, para que me atormentara. Tres veces le rogué al Señor que me la quitara pero él me dijo: «Te basta con mi gracia, pues mi poder se perfecciona en la debilidad.» Por lo tanto, gustosamente haré

más bien alarde de mis debilidades, para que permanezca sobre mí el poder de Cristo.

Por eso me regocijo en debilidades, insultos, privaciones, persecuciones y dificultades que sufro por Cristo porque cuando soy débil, entonces soy fuerte"   **(2da Cor. 12:7-10)**

La alegría en el sufrimiento que puede llegar hasta el martirio, es el signo por Excelencia de la autenticidad también leemos:

"Ustedes pueblos vecinos alégrense junto con el pueblo de DIOS"   *Rom. 15:10*

Todo esto nos hace plantearnos esta pregunta:

¿PORQUE A LOS HOMBRES BUENOS LES SUCEDEN COSAS MALAS?

Ya que se nos ha enseñado que a los que hacen lo bueno siempre les va bien y caso contrario a los que hacen el mal siempre les va mal.

DIOS SIEMPRE ACTUA DE MANERAS INESPERADAS Y AL FINAL ENTENDEMOS QUE SIEMPRE ACTUA PARA NUESTRO BIEN

*Él concede **el éxito** a los hombres rectos*

Es escudo para quienes proceden sin tacha,
Vigila las sendas del derecho

Y guarda el camino de sus fieles,

Pero los malvados serán desgajados

De la tierra y los traidores serán arrancados de
ella. *(Prov 2:7-8.22)*

DEBEMOS SABER QUE DIOS CAMBIARA
TODA NUESTRA TRISTEZA EN ALEGRIA y
ENJUGARA TODA LAGRIMA DERRAMADA

"Él les secará toda lágrima de los ojos, y no habrá
más muerte ni tristeza ni llanto ni dolor. Todas esas
cosas ya no existirán más". *(Ap. 21:4)*

¡ME LLENÉ DE ALEGRÍA EN EL SEÑOR MI
DIOS! Pues él me vistió con de ropas de salvación
y me envolvió en un manto de justicia. Soy como
un novio en su traje de bodas o con una novia con
sus joyas. (Isaías 61:3)

5

HISTORIA PERSONAL

"ALEGRIA Y SUFRIMIENTO"

En mi propia vida he experimentado "El Viacrucis de Jesús" sus **Etapas de sufrimiento y la alegría de la Resurrección.** Creo que para los que confían en El y sus preceptos la vida es semejante a lo que él vivió. No así para los que sufren sin conocer de Cristo, el sentimiento es tan fuerte con deseos de no existir, algunos en su debilidad logran su propósito a través del suicidio. Los que soportamos la prueba en el día malo, hacemos posible que se cumplan sus promesas.

Si sufrimos pacientemente con él, también reinaremos con él. *(2da Tim. 2:12)*

LA INFANCIA

Tuve la alegría de nacer en un hogar feliz hace 54 años, en una pequeña ciudad en el Noreste de Tamaulipas pegada a la frontera con Estados Unidos llamada Rio Bravo en honor a el rio por donde tanta gente ha pasado a buscar "el sueño americano" y donde muchos no lo lograron, lugar completamente agrícola, un pedacito de Dios en la tierra, ya que ni en el mapa aparece. Soy la segunda de una familia de nueve hermanos.

Mis padres se llamaron: Ramón Márquez Dávalos y Emilia Morales Gallegos, también tuve la dicha de tener cerca de mí a mis abuelitos paternos Don Simón Márquez Maldonado y Doña Juanita Dávalos Padilla, quienes vivían a un lado de mi casa, primeros colonizadores en el fraccionamiento, primeros en tener luz eléctrica y por supuesto tener televisión, ellos vivían cómodamente, no les faltaba nada.

Cuando nació mi hermana mayor le pusieron el nombre de mi abuelita cariñosamente conocida como "la nana Juanita". A mi hermanita no le gustaba estar con ella porque siempre la quería peinar y ella no se dejaba, era muy despreocupada. Cuando nazco, el parecido a mi abuela Juanita era muy notable, desde ese momento me amó, casi se apropia de mi vida, me consentía, demasiado, me vestía como su muñequita, (era modista, bordaba y tejía), le gustaba peinar mi pelo, me abrazaba, me contaba cuentos, a pesar de todas sus ocupaciones, apartaba tiempo para jugar conmigo, brincaba la cuerda, se sentaba en el piso jugaba a la "matatena", me llevaba al cine y me colmaba de regalos.

Los vecinos se juntaban siempre en su casa, cada año había una gran fiesta cuando venían nuestros tíos de Estados Unidos, todas las familias nos reuníamos para recibirlos, se engordaba un cerdito en el transcurso del año y se les hacia una gran fiesta. Nuestros tíos cargaban con regalos para todos sin excepción, recuerdo su camioneta combi color verde llena de ropa y obsequios, por las noches hacían fogatas, mi tío Teodoro tocaba una guitarra y mi prima Mary le acompañaba cantando, después todos teníamos oportunidad de cantar, mis tíos se tomaban fotos posando sin camisa mostrando sus músculos. Otras veces había cine gratis para todos los niños de la colonia, recuerdo que todas las familias que vivíamos en México deseábamos que se quedaran a dormir mis primos en nuestras casas y teníamos el privilegio de tener con nosotros a mi prima Gloria, quien era casi de mi edad solo que muy robusta, era como nuestra mama, nos cuidaba mucho y estábamos felices, todos dormíamos atravesados en las camas para poder caber todos en el mismo lugar.

Mi madre era una mujer muy triste y callada por los problemas de matrimonio que tenia con mi padre, ya que descubrió algunas infidelidades, recuerdo un día que discutieron, mi madre le reclamaba algo, después se fue como fiera encima de mi padre y le rasguñó el rostro, mi padre se defendió tomándola por las manos llevándola hasta el piso, de repente entra mi abuela e insultando a mi madre le pedía que dejara en paz a mi padre, esos recuerdos son muy impresionantes para una niña de 5 años.

Por el parecido con mi abuela creo que yo le recordaba a mi madre a su suegra, aparte guardaba un resentimiento conmigo, decía que yo no quería a sus padres por su pobreza y que era muy interesada con las comodidades y regalos que me ofrecían mis abuelos paternos. La verdad era que no me gustaba ir con mis abuelos maternos porque me daba miedo, me deprimía por la razón de que vivían a una cuadra de un panteón, no existía luz eléctrica en su colonia, la familia de mi mami siempre estaba hablando historias de "Fantasmas y aparecidos", decían que antes de colonizar había existido una laguna y que en la noche salía "la llorona" a reclamar a sus hijos que se ahogaron en ella y cosas por el estilo, si eran muy pobres no tenían ni donde sentarse pero eso no me preocupaba tanto como las historias, eso a una edad tan pequeña es un horror, pero bueno tampoco era una niña tonta, tal vez si tenía razón que me gustaba estar donde había comodidades, lo reconozco ¿Quién No?.

LA MUERTE INESPERADA EN MI FAMILIA

PRIMER DOLOR.

Cuando tenía aproximadamente 6 años de edad, "mi nana Juanita" se fue a visitar a su hijo (mi tío Baudelio) a Estados Unidos (Wichita, Ks.) Me quede muy triste y contaba los días, las horas y los minutos para que regresara, la espera se hizo larga ya que nunca regreso, solo nos avisaron que se enfermo se agravo y murió, por primera vez en mi vida lloraba amargamente, creo que casi me vuelvo loca de dolor, ya que mi mundo era ella, regreso mi abuelito Simón solo, triste y destrozado.

Yo seguía muy deprimida y llorando, me refugie con mis padres, para esa época solo éramos cuatro hermanitos, Juanita, Pablo, Normita que era bebe y yo. Estaba muy necesitada de consuelo, mi madre no era muy cariñosa conmigo, cuando se recostaba a amamantar a la bebe, me acostaba en su espalda para sentir el calor de madre, me sentía como un animalito buscando protección, así me tuve que consolar sin tanta atención. Mi alegría era mi padre cuando llegaba del trabajo, ya que el siempre fue muy cariñoso.

Después llegaron más hermanitos y tuve que aceptar que ahora la consentida de mi mami era mi hermana mayor, era doloroso saberlo, mi madre le platicaba a sus mejores amigas y hacían comentarios "el querer de Emilia es Juanita", ahora estaba viviendo algo que me hacia sufrir como yo la hice sufrir a ella, bien dice la palabra acerca de la regla de oro

Haz a los demás todo lo que quieras que te hagan a ti. Ésa es la esencia de todo lo que se enseña en la ley y en los profetas. (Mt.7:12).

SEGUNDO DOLOR.

Mi vida continuó, entre la escuela y los labores de casa, sobre todo ayudar a lavar pañales con tantos niños pequeños, mi hermana Juanita tenía 17 años, yo 14 años, Pablito 10 años, Normita 8 años, 6 años Mary, 4 años Norita, 2 años Ramón y 1 año Ricardito y la bebe 3 meses de haber nacido. Yo cursaba el tercer año de Secundaria, mi tío Bernardino, el hermano pequeño de mi mami me acababa de enseñar a conducir un vehículo que teníamos y de un día para otro comencé a manejarlo, al siguiente día mi mami me pide que la lleve a ver mis abuelitos y creo que se fue a despedir, porque allá comenzó a sentirse mal, de un dolor estomacal, le dieron algunos remedios y no mejoraba así que nos regresamos a casa, se la paso fuera de casa deponiendo, hasta que ya solo arrojaba sangre, me asuste mucho, le hable a mi tío José hermano de mi papi (ya que mi padre estaba trabajando) y se la llevo al hospital, donde estuvo 3 días, desangrándose hasta que mi padre vino por las mayores que éramos Juanita y yo para irnos a despedir de nuestra madre que agonizaba

¡Otra vez No! ¡Qué dolor! Me negué a ir a verla, fui cobarde, tuve miedo, quise evitar verla morir, así que me que me encerré en una habitación y llore todo el día hasta el cansancio, muy deprimida, triste y sin esperanzas. Visualice lo que me esperaba "el qué dirán" y me dije "Nadie me va a volver a ver llorar", "No quiero que sientan lastima de nosotros", "Yo Soy fuerte" y con un orgullo muy grande, lo lleve a cabo, no me hicieron entrar a donde la estaban velando, en el entierro, no me quise acercar a despedirme de ella. Fui muy criticada por los asistentes, murmuraban acerca de mi comportamiento "yo creo que No la quería" **¡la gente es cruel, no saben lo que llevas en tu interior!**, así que me hice dura de corazón y comencé a tener Resentimientos muy grandes

No me importo que mis padres me hubieran instruido con principios y valores acerca de DIOS Y SU BONDAD. Yo le reclamaba diciéndole ¡No es cierto que eres bueno, quien deja a tantos niños sin madre, no puedes ser bueno! Yo no entendía, estaba en una edad de rebeldía y me cegaba el dolor y sufrimiento.

Mi casa se lleno de luto y mi alma también. Mi carácter se hizo más fuerte y mi papi veía que mi hermana mayor era muy inocente y más débil, comenzó a darme su salario para que me encargara de las compras, sobre todo los alimentos para nuestra casa, yo me sentía muy importante. Mi papi me empezó a preparar, mas yo no entendía o no quería entender, me comentaba que estaba saliendo con una Señora que era de E.U.A y que era viuda y que a lo mejor nos arreglaba papeles y nos íbamos a vivir para allá, bromeaba conmigo y pensé que era solo una broma y que me tenía mucha confianza (tonta de mi si era un hombre de 38 años lleno de vida y guapo) mi inmadurez y las ganas de que no pasara se desmoronaron.

No duro mucho el gusto de tenerlo solo para nosotras, ya que nuestra vida iba a dar un giro muy grande y no estábamos listas para más sufrimiento, todavía no nos reponíamos de una cosa y venían más ¡sorpresas!

A los ocho meses de haber muerto mi mami, nos lleva a casa a la Señora viuda y con documentos americanos que tanto me platicaba (cosa que no era cierta) y vamos conociendo a una mujer muy joven como de 21 años y además traía una pequeña hija de 3 años, y nada mas así nos avisa que va a vivir con nosotros y que se va a casar con ella porque él era muy joven y no podía estar solo, sin mujer. Nos dio mucha rabia y tristeza a la vez, ya que no pudo esperar más tiempo, estábamos todavía de luto, no habíamos superado la perdida de nuestra madre y el fue egoísta y solo pensó en él y no en nosotros. No pudimos hacer nada por evitarlo ya que lo había decidido y no había vuelta atrás.

Mi hermana Juanita, no soporto el ritmo de vivir ahora en segundo término para nuestro padre y con **"madrastra"** además comenzaron problemas, como diferencias a favor de ella y su hijita. Nos sentíamos **abandonados** también por nuestro padre. Así que Juanita tenía novio de varios años y su salida fue fugarse con él para huir de la vida que ahora llevábamos,

¡IMAGINESE! ABANDONADOS. POR DIOS, POR MI PADRE Y AHORA MI HERMANA ME DEJABA. QUE GRAN SOLEDAD LA QUE YO VIVIA, ME QUERIA MORIR, DESAPARECER DE ESTE MUNDO, LA UNICA RAZON

QUE ME HIZO NO AGREDIRME FUE VER A MIS HERMANITOS TAN INDEFENSOS Y SOLITOS, QUE NO PUDE SOPORTAR VERLOS SUFRIR.

LOS ESTUDIOS

La Graduación de Secundaria.

Me gradué sola, sin familia, una vecina me acompaño, ella me compro todo para mi graduación, la recuerdo con mucho cariño, era una vecina que nos apoyaba mucho.

Dios me guardo desde ese tiempo, mi hermana había tenido muchos novios y yo era su acompañante (su chaperón) si no iba con ella no la dejaban salir, a veces la chantajeaba, un día llego una familia nueva como vecinos a la colonia y me agrado uno, como eran músicos, mas me deslumbro, aparte de que estaba guapo y dije "mi hermana tiene novio porque yo no", pero el tenia 19 años y bien experimentado y yo de 14 años, la verdad desde que me acompaño y me hice su noviecita, nunca volví a verlo, nada mas por decir que tenia novio, ya que siempre estaba ocupado, viajaban mucho como grupo, tenían presentaciones, bodas, quinceañeras, etc.

Que coincidencia, en ese tiempo de la muerte de mi mami, fue a verme después de tanto tiempo, fue a darme sus condolencias supuestamente, mas él había maquinado un plan, me propuso que me fugara con él, porque lo querían casar con una chica que estaba embarazada, pero que el bebe no era suyo, que a mí era la que amaba. La verdad su plan No resulto porque yo me asuste muchísimo y me fui corriendo a mi casa.

COMO PODRAN VER, EL MAL ME ACECHABA A CADA MOMENTO, PERO DIOS ME GUARDO.

Tenía dos opciones: **Morirme** y acabar con todo el mundo oscuro de mi vida o **superarme** y buscar cómo salir adelante, opte por la segunda, por mis hermanos. Mi papi ganaba muy poco y había muchas carencias en casa, éramos una familia de 12, pero mi hermanita bebe Aidé Magdalena de 3 meses, fue criada por mi tía Enriqueta (hermana mayor de mi padre) de verdad que hizo un excelente trabajo con esa bebe ya que a los 8 meses de edad estaba muy sana y hermosa, que mi papi al verla le dijo que la siguiera criando, que ella de todas formas siempre supiera quién era su familia y lo que había sucedido.

Así que tome valor y me inscribí en un Centro de Estudios Tecnológicos de mi ciudad pensando en superarme, y el sufrimiento me seguía a todas partes, en las tardes iba a la biblioteca para hacer tareas y mi padre se enojaba mucho no me apoyaba, decía que me iba a hacer tonta, que solo quería andar en la calle. En la escuela tenía una amiga y le conté mis penas y ella la suyas, me ofreció un cigarrillo en el baño diciéndome que eso me iba a ayudar mucho así que comencé con el vicio de fumar a los 15 años.

A raíz de que mi padre no creía en mí, me propuse sobresalir en la escuela con buenas calificaciones y logre que me dieran media beca en la Compañía donde él trabajaba, aun así, no estaba contento, me recalcaba siempre que solo era media beca, yo tenía mucho mas resentimiento y coraje con él por todo lo que estaba pasando en casa y no solo era eso si no que vivimos algo muy desagradable, EL DESORDEN, la casa sucia, los trastes duraban varios días sin lavar hasta llenarse de gusanos, mis hermanitos a veces se hacían de comer solos, lo que podían, realmente comencé a valorar a mi madre, hasta que ya no estaba conmigo, de verdad ese dicho es muy cierto "Nadie sabe lo que tiene, hasta que lo ve perdido". Pude darme cuenta que no era su favorita ¡mas como la extrañaba! me la imaginaba cocinando, caminando, recogiendo todo, y corrigiéndonos.

¡QUE GRAN LABOR EL DE UNA MADRE!

"ES LA REINA DEL HOGAR, LA EMPRESARIA DE SU FAMILIA, EN ELLA SE REFLEJAN TODOS LOS BENEFICIOS, CUANDO ELLA ESTA AL PENDIENTE NADA FRACASA Y SUS DIVIDENDOS SON SUS HIJOS"... ¡QUE GRAN VERDAD!

Un consejo para todos los hijos, agradezcan a Dios por sus padres, valórenlos y ámenlos, les aseguro que por mas defectos que tengan nadie los va a amar más que ellos. Aparentemente no lo demuestran pero si nos aman...Qué importa que quieran a uno más que a otro, en su corazón no podemos mandar, PERDONEN Y AMENLOS háganlo en vida ya que yo tuve que pedirle perdón a una madre que ya no estaba conmigo, creo que le hubiera dado mucho gusto que lo hubiera hecho antes de morir, pero nunca estamos listos para pensar en la muerte.

"La aceptación de la situación conflictiva y dolorosa constituye el supuesto fundamental de todo progreso personal., con la esperanza con la tranquilidad de saber que siempre tras las tinieblas llega la luz"

LLEGO LA LUZ A MI VIDA, LO ANHELADO

HISTORIA DE AMOR

Una buena amiga de Secundaria, estaba enamorada de un chico y siempre me platicaba muy emocionada acerca de él, con el tiempo seguimos juntas ahora estudiábamos una carrera técnica en el Centro de Estudios Tecnológicos en mi ciudad y me compartía que su enamorado había entrado a la misma escuela que nosotras y por fin se me hizo conocer a su amor platónico "Enrique", que la verdad no me impresiono tanto, solo su altura, sobresalía en las filas de formación, pero algo comenzó a suceder después, cuando pasábamos su enamorada y yo por su salón de clases, el me miraba fijamente y yo me estremecía, comencé a ruborizarme y apenada con mi amiga que tanto le gustaba, lo guarde en mi corazón para no lastimarla. Comencé a enamorarme en silencio.

Tiempo después mi amiga se enemisto conmigo por chismes y termino saliéndose de la escuela y se fue a estudiar a otra ciudad. Ahora el me perseguía a mi casa, pero nunca me hablaba era muy serio, después me entere que andaba con una chica que lo acosaba y perdí mis esperanzas, a final no termino la escuela también se fue a estudiar a la ciudad de Monterrey, N.L. Y más triste me quede, solo que seguían sucediendo las coincidencias, cada vez que se celebraba algo o sea en días asuetos o vacaciones, me lo encontraba en la calle y me seguía, hasta que un día precisamente el 1º De Mayo de 1977 que se celebra El Día del trabajo en mi país se animo a hablarme en una fiesta, bailo conmigo me pidió que fuera su novia, "si quieres piénsalo me dijo" y yo le conteste "Si quiero ser tu novia, ya lo pensé demasiado tiempo". Así fue el comienzo de nuestro amor.

MI TITULO

¡Ahora ya no estaba sola! tenía a alguien que **me amaba**, me acompaño a mi graduación, me recibía de Técnico en Contabilidad, Sara su hermana mayor nos acompaño, recuerdos que nunca se olvidan, **cuanta necesidad tenia de que me trataran bien.**

Para mí fue como un cuento de la cenicienta con su príncipe que me escogió dentro de todas sus enamoradas, ya que era muy popular, mi rey, me enamoro por carta ya que era algo tímido y casi no hablaba pero se desenvolvía bastante bien por carta, que cosas me escribía que de verdad **nos amábamos.**

EL FAVOR DE DIOS

La verdad que yo deseaba en mi corazón seguir estudiando, quería ser Psicóloga o Socióloga mas no me fue posible por la situación económica que se vivía en mi casa, tenía que trabajar para sacar adelante a mis hermanos, mis sueños personales se esfumaron. El año 1977 fue muy importante en mi vida porque sucedieron muchas **alegrías** que marcaron favorablemente mi juventud, **el favor de Dios estaba conmigo**, a partir de ese año, me titule, llego el amado y un 13 Diciembre del mismo año me contratan para trabajar en una Institución

Bancaria donde me realice por 15 años, aprendí a desenvolverme sirviendo a la gente, pase por **sufrimiento** en los primeros años de trabajo. Mi primer jefe fue muy duro por mi inexperiencia, me hacía llorar, una compañera de trabajo era mi amiga y le contaba mis tristezas y alegrías, vivíamos muy cerca y caminábamos hasta la casa, sin embargo llegando a la esquina, secaba mis lagrimas para que mis hermanitos no me vieran débil, yo tenía que estar siempre fuerte para ellos. En mi trabajo escale puesto, a los seis años ya era Supervisora de Mostrador, era jefa de dos varones, eso me hacía sentirme importante, después fui ejecutiva, Funcionaria de Promoción, tenía mi propio escritorio y más autoridad, así creció más "mi ego".

Económicamente me iba muy bien, mi primer objetivo fue llenar el refrigerador de comida para mis hermanitos y comprarles ropa, ya que carecieron de todo, después me compre un coche, remodele la casa, compre muebles. Mi padre al ver que ahora yo tenía el control económico, empezó a cederme su liderazgo y permitió que controlara casi todo en casa, yo daba permisos y respondía por mis hermanos cuando había problemas legales o situaciones difíciles, etc. Me hice muy independiente, ya no pedía permisos, solo avisaba cuando salía y cuando regresaba, fui agregando soberbia y más orgullo al que ya tenía.

EL MATRIMONIO

Yo era mi propio Dios, me hice perfeccionista, programaba mi vida, mis hijos, etc. Decidí embarazarme a los dos años de casados y así sucedió que me embarace de Samantha, ya no quería más hijos según yo, seguí trabajando y mi marido empezó de repente a cambiar su carácter, **comenzó con unas escenas de celos enfermizas**, a donde quiera que salíamos, si íbamos en coche, me decía" si quieres bájate para que lo sigas" y yo le decía ¿a quién? muy confundida. Y en restaurantes me hacia escenas, si veía a alguien entrar al lugar

¿Que, estas esperando a alguien o qué? Me la pasaba siempre llorando por tanta amargura que me daba su inseguridad, Dios sabe que no era verdad, los celos eran enfermizos y le hacían inventar cosas que no existían.

Y como dice la canción de Amanda Miguel **"Ahora mi príncipe, mi Rey se convirtió en un monstruo de piedra, con el corazón de piedra, ahora era un Rey que me lastimaba sin piedad y me sumía en un sufrimiento muy profundo de resentimiento y dolor"** Estaba tan cansada de sufrir en la vida que le pedí el divorcio y cuando me vio decidida a hacerlo, me pidió perdón y me dijo que le diera otra oportunidad, la verdad no quería ser una mujer divorciada **"por el que dirán"** así que lo acepte de nuevo, pero **las heridas de mi corazón ya estaban abiertas por tanto resentimiento y me bajo el autoestima.**

LAS MASCARAS

Aun así y por cumplir como esposa, quede embarazada de mi segundo niño Abraham, **el cual no estaba programado por mi y lo rechace** así que me tuve que aguantar, Doy gracias a Dios de que no intente hacer nada contra el bebe, seguía sin sentir por mi esposo más que odio, rencor resentimiento y falta de perdón.

En mi trabajo yo era muy alegre y siempre estaba sonriendo con todo mundo, pero llegando a casa se me desvanecía la alegría y hasta temor tenia al saber que estaba el ogro esperándome, no era capaz de invitar a mis amigas por pena de que les fuera hacer algún desplante, yo optaba por no dirigirle la palabra, a veces duraba casi un mes sin hablarle, creo que exageraba, el se desesperaba y me rogaba que le hablara aun si quería decirle malas palabras aguantaba pero que le dirigiera la palabra, así me desquitaba pensando "así te quiero ver, rogándome" no solo le dejaba de hablar si no que, no le planchaba, no le daba de comer, ni todo lo demás.

Cuando había eventos de sociedad donde teníamos que asistir por compromisos sociales como matrimonio, nos poníamos la máscara de un matrimonio feliz y envidiable, ya cuando llegábamos a casa nos quitábamos la máscara y a seguir con nuestra amarga realidad. Era horrible la hipocresía que vivíamos, ni mi propia familia se enteraba de nuestros problemas, fingíamos muy bien.

LA ENFERMEDAD

Cuando Abraham cumplió tres meses de haber nacido, llego a casa la enfermedad, mi hija Samantha de cuatro años y medio comienza a presentar una convulsión generalizada en todo su cuerpo, yo sentía que me moría al verla y no sabía qué hacer , el cuadro era impresionante, su cuerpo contorsionado y sus ojos volteados hacia atrás, es horrible, yo corría como loca, me tocaba la cabeza, el bebe lloraba y no lo escuchaba, hasta que me tranquilice y pude pensar en los teléfonos de mi familia, ya que mi esposo estaba ausente.

La hospitalizamos y nos dieron la bienvenida al mundo de la "epilepsia". Ya había pasado por el dolor de perder a mi abuelita, a mi madre y ver sufrir a mis hermanitos mas **¡El dolor de ver a un hijo sufriendo es un sentimiento más intenso y doloroso!**

Yo daba la vida por mis hermanitos, pero este tipo de dolor no lo conocía y no se lo deseo a nadie, era tan inmenso el peso, que cuando ella se enfermaba, yo también me enfermaba de tristeza y entraba en depresión, me sentía agonizar, lloraba mucho, vimos siete médicos y no supieron porque convulsionaba. La resonancia decía que estaba todo normal. De todas formas fue medicada y el Neuropediatra nos dijo "la Neurología es muy compleja y no se ha terminado de estudiar "con eso se escudaron" y no hubo ningún diagnostico clínico.

Mi esposo trabajaba fuera de la ciudad por periodos largos se ausentaba y cuando venía a verla, ya no la alcanzaba a ver convulsionando para entonces ya había salido de la clínica. Después de dos años de convulsionar le toca ver una convulsión en ella, la verdad que no sabía a quién ayudar a mi hija o a él, ya que casi se vuelve loco de dolor y la impresión de ver a su hijita, tan mal, la verdad me asusto. Esto fue el detonador para que él se enojara y le gritara a Dios por que permitía que le sucediera a su pequeña, le decía "Porque te ensañas con ella, porque no conmigo, ella es una inocente" yo solo lo calmaba, y le decía que no blasfemara contra Dios. A partir de ese momento empezamos a reconocer nuestros errores y a pedir perdón por todo lo malo que habíamos hecho en nuestra vida, le ofrecíamos nuestra vida a cambio de que mi hija sanara. Dejamos nuestros problemas matrimoniales por un tiempo para unirnos en el dolor y dedicarnos a buscar medico tras médico para que mi hija se sanara.

"Las peores pesadillas se viven con los ojos abiertos"

LA RECONCILIACION

Después de reconocer nuestros errores a través de lo que estábamos viviendo ya no nos quedaba nada más que voltear a ver a Dios, ya que este mundo no podía ofrecernos resultados, así que recibimos una invitación a una reunión de la Fraternidad de Hombres de Negocios FIHNEC donde recibimos a Jesús como nuestro Señor y Salvador y después de un tiempo de estar ahí, hubo una Convención Nacional en nuestra ciudad e invitaron a unos Profetas de Estados Unidos y cuando uno de ellos pasa frente a nosotros, Se detiene y nos dice, "Tienen mucha falta de perdón el uno por el otro" y continuo "Dios me dice que tú (Silvia) tienes mas falta de perdón hacia él, dice que quiere bendecirlos pero si no se perdonan ahora en este mismo lugar las bendiciones van a seguir detenidas"

La verdad teníamos problemas en todas las áreas: Espiritual, salud, familia, finanzas. Así que mi esposo y yo nos fuimos a un rincón y él me pidió perdón y me dijo que me perdonaba de todo lo que le había hecho.

Pero cuando voltea conmigo para que me sincerara con él, **mentí**, le dije *"Yo no sé porque dijo eso, ese hombre"* mas dentro de mi tenía un gran resentimiento contra mi esposo, por tanto daño emocional y sobre todo un recuerdo de lo que me había orillado a hacer tiempo atrás, que fue el despedir a mi hermana de mi casa, porque él no tenía privacidad. Mi hermana me ayudaba a cuidar a mis hijos, me limpiaba la casa y me hacía de comer, era muy buena y tenía mucha necesidad económica, me dijo "si quieres le ayudamos económicamente pero en su casa". Así que tuve que hablar con Mary mi hermana y decirle que mi marido quería que se fuera, lloramos bastante las dos, yo me resentí muchísimo con mi esposo porque obedecí, mas mi corazón estaba muy dañado por lo que me hizo hacer con mi hermanita a la cual amaba demasiado y solo agradecimiento había hacia ella.

Con eso en mi mente que no borraba, no podía perdonarlo, en mi interior había una lucha con mi orgullo, mas me resonaban las palabras del profeta: BENDICIONES… bendiciones para mi significaba **la sanidad de mi hija**, lo financiero, la reconciliación de la familia, para mí no era tan importante lo demás solo que ¡Sanara mi hija! Así que doblegue mi orgullo **y por primera vez me sincere con mi esposo diciéndole todo lo que había dañado mi corazón, le dije que le pedía perdón por todo el resentimiento y falta de perdón que tenia hacia su persona y le perdonaba todo lo que me había dicho y hecho en el pasado.**

No sé qué sucedió, pero en lo espiritual se mueve algo Grande, así que desde ese momento se fue el odio, rencor y resentimiento, además mi esposo que le veía todos sus defectos, ahora le veía todas sus virtudes, además que el ya había comenzado desde tiempo atrás el tratar de conquistarme nuevamente, mas yo no me dejaba. Ahora lo veía guapo y empezó a enamorarme de nuevo, comenzó con detalles que ya no tenía, eso era algo nuevo en él y menos se atrevía a decirme lo que sentía por mí, así que me conquisto, yo deseaba ser feliz y ahora no podía negarme a serlo.

Dios nos dio una Nueva Relación, la hizo más firme que el primer amor.

Es por eso que le compuse esta canción:

"AMOR SUFRIDO"

Amor cuanto te he amado
Desde que te conocí
Comenzó Dios a darme
Un gran amor por ti

Dos almas se encontraron
Sufriendo cada uno
Con penas muy amargas
En cuanto a la niñez
Marcaron nuestras vidas
De forma al revés

Teniendo que ser madre
De todos mis hermanos
Aun siendo una niña
Gran responsabilidad

Soñando tú vivir
Con tu preciosa madre
Viviendo del maltrato
Marcaron tu carácter
Tu gran indecisión

Por fin nos realizamos
Llegando al matrimonio
No durando mucho
La gran felicidad

Los celos te invadieron
Que yo no conocía
Heriste mi autoestima
No pude soportar
Mi corazón dañado
Por tanta humillación

Dio un vuelco a mi vida
Y comenzó el rencor
Me refugie en "mis dioses"
Viviendo de apariencias
Usando muchas mascaras

Hablamos de divorcio
Más todo quedo a medias
La Enfermedad llego
Buscando medicina
Sin encontrar respuesta
Poniéndonos a prueba
Doblando nuestro orgullo

DIOS ERES TAN SABIO
TU NUNCA TE EQUIVOCAS
TOCASTE HASTA LOS HUESOS
CALASTE MUY PROFUNDO

Hubo arrepentimiento
Entraste a nuestras vidas
Sanaste las heridas
Nos diste un nuevo Amor

LAS VIDAS RESTAURASTE
NUEVAS CRIATURAS SOMOS
YA VIMOS LOS MILAGROS
QUE TU MANO HA HECHO

CON QUE TE PAGAREMOS
MI PADRE Y DIOS AMADO
¡SOLO CON ALABARTE
Y DARTE EL SERVICIO!

ORACION

"DECISION DE PERDONAR"

Señor Jesús:

Hoy decido voluntariamente perdonar a todas las personas que me han hecho daño desde el día que nací hasta el día de hoy

(EN SILENCIO REFLEXIONA SOBRE ELLOS Y PRONUNCIA SU NOMBRE Y LA PALABRA "YO TE PERDONO")

Y LOS LIBERO Y ME LIBERO DE TODA ATADURA A LA CUAL ESTABAMOS ATADOS.

DECIDO AMARLOS Y LES BENDIGO EN EL NOMBRE DE JESUS

Y DESATO LAS BENDICIONES DE TU ESPIRITU QUE ESTABAN DETENIDAS POR MI DUREZA

¡SEÑOR JESUS SANA MIS HERIDAS!

EL DESCUIDO

Desde que la enfermedad llego a casa, mi mirada y cuidados estuvieron sobre Samantha y a mi bebe Abraham de tan solo tres meses, solo lo amamantaba mas mi atención estaba centrada siempre en ella, cuidar de que no se fuera a golpear cuando le daba una convulsión, algunas veces la alcanzaba, otras veces la recogía del suelo toda raspada, su cuerpecito recibió múltiples heridas, hematomas, etc. Por lo tanto descuide a mi bebito y cuando ya tenía 3 años mi hermana Norma, nos hizo reaccionar acerca de que no le prestábamos atención al niño, a mi marido le dijo "tanto que deseabas un varoncito y ahora que lo tienes no le pones atención".

Después de esas palabras reaccionamos, mas ya era un poco tarde, mi niño se había hecho, inseguro, retraído y temeroso de todo. Aparte de que mi boca le declaraba cosas muy negativas, el estrés, la preocupación y la angustia, aunado con problemas matrimoniales, me hice una persona histérica, gritona y malhablada (maldiciente) y como el niño no podía con la escuela, en lugar de apoyarlo le insultaba con palabras como "eres un tonto" "un burro" "inútil" "no sirves para nada" y efectivamente se adjudico que no servía para nada y cuando trataba de tocarlo, no se dejaba, su mirada era de odio hacia mi persona, yo le comentaba "si tuvieras una pistola en tus ojos ya me hubieras matado" y saben que así comienza en la mente de nuestros hijos, el espíritu odio, resentimiento y los orillamos a pensamientos de homicidio o suicidio, planes que más tarde en alguno se llevan a cabo.

En la escuela tuvo varias experiencias desagradables, cualquiera lo maltrataba, los niños le hacían bullying, hasta las niñas se burlaban de él, le tiraban su lonche, etc. El no se defendía, recuerdo un día un niño se le acerco y le dio una mordida en su estomago enfrente de mí, duele tanto ver lo que le hacen a tus hijos. Yo si lo podía maltratar, pero no soportaba que otros lo maltrataran, yo solo reprendí al niño que lo agredió y le dije "porque hiciste eso, el no te está haciendo nada" su maestra lo defendía constantemente, ella decía que era un buen niño pero que no se defendía. La verdad después de eso él se refugió en las malas compañías, juntándose con los niños mas malos de su salón, el lograba que lo protegieran y no se le acercaran los demás a maltratarlo. En las clases se ausentaba en su mente, la maestra decía "no pone atención, pero si pasa una mosca si la sigue para ver hasta dónde va" por supuesto muy malas calificaciones

Ya no solo sacaba cincos que era la calificación para estar reprobado si no que no contestaba ningún examen, se llegaba a sacar cero. Le pusimos maestras particulares para que le ayudaran a salir adelante.

Mi esposo un día le dijo *"defiéndete"* y mi hijo lloro y le dijo *"No puedo papi, tengo miedo que me lleven a la dirección y me castiguen"* su papa le respondió *¡No tenga miedo, yo soy su padre y ahora estoy aquí para defenderlo, porque usted no está solo, tiene un padre que responda por usted!* ¡Me dio tanto gusto! Ahora ya estábamos en el camino correcto, habíamos recibido a Jesús en nuestro corazón y nos estaba mostrando como ser mejores padres reconociendo el daño tan grande que le habíamos provocado, sobre todo yo.

Les pedimos perdón a nuestros hijos y personalmente a él por tanto maltrato psicológico, comencé por abrazarlo y a decirle que lo amaba, ya que era algo que se me dificultaba, a las niñas si las abrazaba mas con él no podía hacerlo ya que se portaba muy mal, además se había hecho mentiroso y tomaba cosas ajenas todo eso me hacia rechazarlo. Ahora ya había reconocido mis errores acerca de la vida de mi hijo y como le había hecho daño convirtiéndolo en un niño inseguro, temeroso y con baja autoestima.

Me decidí a revertir todo daño y busque como ayudarlo, me anote en la Junta directiva de padres de familia y la cooperativa de la escuela, para que él se sintiera confiado de que su madre estaba todos los días al pendiente de él, vi su cambio, el se sentía orgulloso que su madre estuviera en ese cargo escolar. Después investigue en libros de ayuda y encontré uno con el título **"Como levantar la autoestima a tus hijos"** lo leí y comencé a aplicar lo que había aprendido, ahora le declaraba cosas positivas, como *"eres grande e inteligente", tienes la mente de Cristo", "Vas a ser un gran hombre" "Serás un gran Físico matemático"* (esto porque las matemáticas no se le dé daban) el me respondía *"no mama me quiero vomitar cuando hablas de números"* le daba ejemplos de personajes como Einstein que habían sido niños no muy inteligentes cuando niños y habían triunfado en la vida **"Continúe con mi labor de declararle que lo amábamos, que era el rey de la casa, el deseado"**

En la Secundaria cometimos otra equivocación a inscribirlo en una escuela particular, pensando que con clases más personalizadas él iba a salir adelante y fue todo lo contrario, no podía con las clases, lo presionaban demasiado en la escuela y nosotros también, un día me encontraba preparando una Conferencia llamada *"Los jóvenes y el suicidio"* sentí de Dios que tenía que preguntarle a mi hijo cómo se sentía respecto a este tema (comenzando por nuestro prójimo) le dije que si no había pasado algún pensamiento de muerte en su vida a lo cual me confiesa haber tenido un sueño donde él se encontraba muerto en un ataúd despidiéndose de la vida. Inmediatamente le comunique a mi esposo, que tuviéramos cuidado, que no lo presionáramos con la escuela, que valía más su vida que unas clases, que si no tenia cabeza para los estudios, que solo trabajara.

Así que dejamos de presionarlo, lo cambiamos de escuela, reprobó tercer año, aun así con nuestra actitud positiva, apoyo moral y espiritual paso a Preparatoria, el trabajo acerca de su autoestima continuaba, ya que todavía en preparatoria le preguntaban sobre que Profesión deseaba estudiar, a lo cual contestaba que *"No sabía"*. Dios pone personas que nos ayuden, son como ángeles que envía en nuestra vida para ayudarnos, así que el director de la preparatoria le ayudo a salir adelante, recuerdo que le dijo *"Abraham tu eres un reto para mí"* y con clases extraordinarias lo preparo muy bien que al final se sacaba bajas calificaciones, pero el maestro decía *"pero él solito hizo todos los problemas y lo aplaudía"* salió de preparatoria con esfuerzo y sin presiones.

Hemos visto que si se puede rescatar el amor de nuestros hijos, la biblia dice *"que el corazón de los hijos se separa del de los padres"* y ahora yo le pedía a Dios que me ayudara a que su corazón se pegara al mío y lo logre con su ayuda.

Después de tanto apoyarlo, tuvo el sueño de ser Economista está estudiando ya su último año, ha sido largo pero no importa no hay prisa el terminara su carrera Profesional cuando Dios lo decida, mas años de estudio, más experiencia adquirirá, el milagro más grande es que la carrera es de **"calculo mercantil"** miles de formulas y números que con la ayuda de Dios él ha creído que es un triunfador **el es un joven exitoso en su mente y corazón** y ahora nos amamos y le hago tantos cariños y él se deja como un bebe a pesar de sus 25 años y la estatura que tiene, mide 1.84 m (7 pies) y sigue siendo "mi niño" y se deja consentir.

"Al que puede hacer muchísimo más que todo lo que podamos imaginarnos o pedir, por el poder que obra eficazmente en nosotros"   *Efesios 3:20*

¡NUNCA ES TARDE PARA RECUPERAR EL AMOR DE NUESTROS HIJOS Y LEVANTAR SU AUTOESTIMA! MIENTRAS ESTEN EN ESTE MUNDO TODAVIA HAY TIEMPO.

Canción a mi hijo:

"EL INVISIBLE"

Oh como me arrepiento
Del daño que te hice
Por no saber ser madre
De tan deseado hijo

Refugio mi tristeza
Causada del dolor
De ver la enfermedad
Tan fuerte de tu hermana
Cometí un grave error
Haciéndote invisible
No dándote atención
Hiriendo con mi boca
Tu tierno corazón

Que bello Dios tenemos
Que da oportunidades
De ser mejor personas
Volver a comenzar
Con una nueva vida
Llena de felicidad

Doy Gracias a mi Padre
Por darme su perdón
Y a ti también mi hijo
Dejarme demostrarte
Que he sido transformada
Mostrándote mi amor
Dándote la atención
Que un día te negué
Levantando tú estima
Cambiando mis palabras
Por cosas positivas,

Borrar nuestro pasado
Imposible sé que es
Solo nos resta darte,
Algo aun más grande
A DIOS COMO TU PADRE
QUIEN NUNCA FALLAR PUEDE

Planes tiene en tu vida
De bien y no de mal
Para poder brindarte
Un Futuro brillante
Lleno de bienestar
SI TOMAS DE SU MANO,
Nada te va a pasar
La vida es difícil,
Pero si sigues fiel
Siguiendo su camino,
Siempre prosperaras
Como árbol plantado,
Junto corrientes de aguas
Tus hojas no caerán,
Siempre estarás muy fuerte

DOY EL HONOR A DIOS
POR MIS HIJOS FELICES.

DESPIDOS

Como les mencionaba antes, era mi propio Dios, deseaba tener trofeos: un trabajo, un esposo y un hijo solamente, los hijos me estorbaban ya que mi meta era escalar puestos en mi trabajo, estuve a punto de que me dieran una gerencia, estuve a punto de construir mi Residencia, además otro embarazo deformaría mi cuerpo, mis uniformes no me iban a quedar, pensaba solo en lo superfluo, solo vanidad. Solo una hija deseaba y ahora voy por el tercero ¡no puede ser!! No me lo podía perdonar y lloraba amargamente lamentándome. Más con el tiempo Dios me mostro:

"Mis pasamientos no se parecen en nada a sus pensamientos y mis caminos están por encima de lo que pudieran imaginarse. Pues así como los cielos están mas altos que la tierra, así mis caminos están mas altos que sus caminos"   Isaías 55: 8-9

Precisamente cuando nace mi tercera hija hubo muchísimos cambios en nuestra vida no muy favorables

La primera.- A los tres meses de nacida gozando de mi incapacidad por el alumbramiento, me avisan de mi trabajo, que tenía que ir a Recursos Humanos por mi liquidación por una situación en el banco de lo cual me hicieron responsable. Primera Depresión

La segunda.- La Depresión postparto

La tercera.- Cambio de Ciudad, trasladaron a mi esposo en su trabajo a Jalisco, nos fuimos a vivir con él a un lugar que no conocíamos.

La cuarta.- Mi marido no se quedo en Jalisco, lo trasladaron a Puerto Vallarta unos días después, como a 5 horas de nosotros, me volví a quedar sola, a salir adelante con mis hijitos pero ahora en una ciudad que no conocía.

Seguía Llorando con doble Depresión por todos los cambios, fue un momento muy difícil me sentía gorda (aumente 20 kilos en el embarazo) después de esto me compraba ropa para llenar mi vacio y después estaba igual, nada podía llenarme, seguía triste. Me dio por tomar, primero me compraba una bebida preparada, después me compraba la botella de tequila y todo para preparar según yo la bebida que más me agradaba "vampiros" A veces estaba con mis hijos toda mareada del abuso.

Atrás de mi casa en Jalisco había una plaza de toros y se hizo de noche me encerré en mi habitación con mis hijos y de repente escucho un fuerte ruido atrás de casa, en el patio, y luego tocaron en la puerta trasera, me asuste muchísimo pensé que se iban a meter a la casa no tenia teléfono y mi habitación que daba a la calle había un balcón y Salí gritándole a la gente que le llamaran a la policía, que alguien estaba en el patio de mi casa. Momentos después llego la policía bien armados y me decían "abranos Señora" yo tenía mucho temor bajar a abrirles, por fin tome valor y les abrí, no encontraron a nadie en el patio, solo huellas de sangre en las paredes. Salieron y como a tres casas vieron bajar a alguien de los techos y era la persona que estaba en mi patio.

Me asuste tanto que me fui a la casa de un compañero de trabajo de mi esposo que vivía en esa ciudad para que le hablara y le contara lo sucedido. El y su esposa me tranquilizaron, no quisieron llamarle a mi esposo para que no se asustara, investigaron quien era el hombre que quería entrar a mi casa. Y le informaron que estaba borracho en la plaza de toros y se quedo dormido, ahora buscaba por donde salir y se cruzo a mi casa, que no era un maleante que estuviera tranquila. Me dio un radio para que estuviera en contacto con el por si algo sucedía. Después de ese susto ya no pude estar en paz en ese lugar. Más deje de tomar.

Al año siguiente también liquidan a mi esposo de su trabajo y con su finiquito y el mío sembró unas tierras agrícolas, las cuales no produjeron, vivimos un tiempo allá, a mi esposo de la preocupación, se sintió muy mal, le bajo la presión, quiso darle algo, pero le dije "No te enfermes, no te vayas a morir y me dejes con tantos problemas" ¡Animo mi vida!

Regresamos a nuestra casa fracasados, con problemas matrimoniales, enfermedad en la familia, culpabilidad por errores cometidos y descuido de los hijos, sin trabajo y problemas económicos muy fuertes.

Es muy triste llegar de arrimado a la casa de tu suegra, porque nuestra casa estaba rentada, faltaban cinco meses para que se venciera el contrato. Las deudas se vinieron encima, los pagos de la casa y tarjetas de crédito vencidas, abogados queriendo embargar nuestras propiedades, nosotros vendiendo todo lo de valor para salir adelante.

INVITACION A FIHNEC

A los meses de estar desempleado, mi esposo consigue un trabajo para sustentarnos un poco y viendo que no podía con ese sueldo pagar los atrasos, se decide a montar una oficina con una concesión de semilla por lo tanto busca un contador para que nos llevara el negocio y reconocimos que era un amigo y su esposa ex compañera de trabajo, el contador fungía como presidente de la Fraternidad de hombres de Negocios del Evangelio Completo, A.C.

Después de insistirnos tres veces, asistimos, no éramos muy fáciles de convencer, algo no nos gustaba de esa organización, sobre todo la palabra "evangelio completo" sentíamos que era como algo de iglesia, y que nos querían cambiar de religión, a veces uno actúa por compromiso, lo más maravilloso es que después de la primera vez que asistimos, sentimos algo muy especial.

El orador invitado esa noche nos compartía su experiencia muy impresionante para nosotros ya que escuchar que su hijo jugando con un bote de gasolina, y estando cerca un boiler se había incendiado, salió la madre a tratar de apagarlo y ya eran dos bolas de fuego, el orador sale y no sabiendo a quien apagar primero se lanza sobre su hijo y quemados los tres con quemaduras de 3er grado. En el hospital su esposa en una habitación, en otra el niño y el debatiéndose entre la vida y la muerte, la esposa fallece y no puede salir a el funeral de ella por su estado. La entierran sus hijos. Milagrosamente el niño de 3 años se salva quedando desfigurado de su rostro, pero salen de ahí y ese pequeñito tenía un propósito, porque desde esa edad comenzó hablar de las maravillas de Dios en su vida.

Yo me impresione tanto porque tenía una niña especial, a la que no aceptábamos Mi esposo, mis hijos y yo, nos avergonzaba que se comportara diferente, después de esa experiencia me di cuenta que mi hija Sam estaba hermosa y completa, no le faltaba nada, suspire y me sentí tranquila, yo que pensaba que era la mujer más desdichada sobre la tierra y ahora me daba cuenta de que existía gente que sufría más que yo y lo que más me impresiono, de cómo habían salido adelante, eso me dio más esperanzas. Ese hombre nos invito a repetir unas palabras que iban a cambiar nuestra vida y ya no tuve duda de confesar que necesitaba a Dios, que le daba las llaves de mi corazón para que entrara y me hiciera una nueva persona, llena de su amor, alegría, paz y bondad, que me guiara a lo largo de mi existencia.

A partir de ese momento algo sucedió, mi carácter era fuerte, era viciosa, muy fumadora, histérica, mal hablada, impaciente con mis hijos pero más impaciente con Samantha que era muy traviesa, así que experimente ese cambio del que me hablaron.

MILAGROS

Llegando a casa fue algo que no entendía, solo le dije a mi esposo que me sentía como una pluma en el aire, muy ligera, así que mi hija paso como siempre derribando cosas, y yo le susurre, "estate quieta hijita" con una voz muy suave, ya no podría gritar, era como si alguien me hubiera bajado el volumen de mi voz, después me di cuenta que ya no era necesario gritar ni decir groserías, y lo más sorprendente es que a los 6 meses de asistir a la reuniones de damas deje de fumar, yo sufría mucho porque en las reuniones nadie fumaba, pero había ceniceros y no me atrevía a romper el orden y por el que dirán, así que cuando llegaba a casa me fumaba dos o tres cigarros, por el tiempo que no había podido fumar ahí.

Seguí asistiendo porque hablaban tan bello en esas reuniones que llegaba con mucha alegría a mi casa y reconocí que ya no quería fumar, pero en el pasado hice varios intentos y todos habían fallado. En las reuniones me enseñaron que podía Hablar con Dios tener una relación personal con El como a un Padre a su hija que nos ayudaba en todo, así que le dije:

"Querido padre yo ya no quiero ensuciarte, si tu entraste a mi corazón, el humo y la nicotina es algo sucio para donde tu habitas ahora, ayúdame Señor porque muchas veces lo he intentado y no he podido hacerlo".

Así pasaron 3 días y yo ya no tocaba ni un solo cigarro y lo más impresionante es que yo traía cigarrillos en mi bolso, mi marido y mi hermana fumaban y ya no se me antojaba, ni uno solo hasta el día de hoy que hace ya cerca de 20 años. ¡QUE MILAGRO TAN MARAVILLOSO!

ORACION DE FE

Compromiso
Padre Mío:
Te pido perdón por todos mis pecados
Me arrepiento de todo lo malo que hecho en mi vida

Reconozco que tú moriste en la cruz para pagar por todos mis pecados
Hoy te recibo como mi único Señor y mi Salvador
Se mi guía en todo lo que haga
Y escribe mi nombre en el libro de la vida
En el Nombre de Jesús, ASI SEA.

ALEGRIA EN MEDIO DEL RECHAZO

Así que Pamela nació en medio de un caos en nuestra vida, muchos cambios

De trabajo

De ciudad

De hábitos

De una Nueva vida en Jesucristo

Era una niña piel muy blanca y cabello obscuro, muy tierna, con sus ojos grades y hermosos de pestañas muy largas, lugar donde iba, siempre "la admiraban" además de ser hermosa, era muy buena, no lloraba, donde la dejabas allí se quedaba solita sin hacer ruido, se quedaba dormida en el andador. A ella ya no pudimos comprarle cosas como a los primeros hijos, ahora estábamos buscando la manera de salir adelante económicamente así que vestía muy buena ropa mas eran regalos de su prima que era mayor y ya no le quedaban, fueron momentos difíciles, mas a esa edad los niños no sufren tanto como los adultos que no podemos darles lo que deseamos. Aun así demostró ser una niña diferente.

No jugó con muñecas, ni juguetes de su edad, ella deseaba estar en la escuela con su hermano, cuando le enseñaba las tablas de multiplicar a Abraham, ella era la que se las memorizaba, y cosas así. Entro al kínder y todos los niños lloraban y ella bien tranquila, dándole valor a otros. Era sobresaliente en todo, un día revise su cuaderno, ya que nunca lo hacía y me sorprendió ver todas las hojas de tareas y trabajos, solo 100 tenia de calificación y muchísimos consejos de las maestras así como "Que inteligente eres", "Sigue y serás una triunfadora", "Eres un ejemplo a seguir", etc. Yo estaba sorprendida, no estaba acostumbrada a ello, con una hija especial que no sabía ni como tomar un lápiz y un hijo que sufría mucho para aprender, y lo más importante que aprendió a orar a Dios conmigo, lloraba de sentir su presencia me decía *"mamita porque estoy llorando así cuando oro"* y yo le decía *"Es que es El Espíritu Santo que te está tocando"*. Sentí que Dios me estaba dando una recompensa con esta niña tan diferente y especial, nos ha dado grandes satisfacciones en la primaria:

Siempre en el cuadro de Honor

Era la abanderada de la escolta

Estaba en la banda de guerra

Representaba a la escuela en concursos de conocimiento

Sobresalía en todo.

A los nueve años comenzó a engordar de una forma muy extraña, era muy notorio, lloraba porque en casa se le hacia bullying, su hermano le decía palabras ofensivas como "cerda" "marrana" puerca" "me das asco" y aunado a ello mi esposo me afligía porque le daba de comer, discutíamos por esa situación ya que ni su comida normal podía hacer por su peso y figura. Yo oraba y lloraba con Dios y le decía que nos ayudara.

Un día yo estaba dormida y al levantarme escuche claro una voz como pensamiento muy fuerte, sabiendo que era Dios… y me decía:

"Si no la tratan bien me la voy a llevar"

Siendo una mujer temerosa de Dios y de esos pensamientos tan directos que me daban instrucciones siempre, llore toda la mañana y hable con mi hijo y mi esposo sin estar ella presente para que no se asustara, les dije que la dejaran en paz porque yo no quería que mi hija se muriera para irse con Dios. Desde ese momento reaccionaron y la dejaron de afligir a ella y a mí.

En la escuela algunos niños se burlaban de su figura y ella se defendía diciéndoles;

"A mí lo gordita un día se me va a quitar, pero a ustedes lo tonto no creo"

Y con sus logros académicos, se defendía y la respetaban.

En Secundaria saco el Primer lugar en aprovechamiento en los 3 años, además sus compañeros de Generación la postularon para un reconocimiento llamado "COPA FRATERNIDAD" por ser la joven que mejor relación de amistad tuvo con todos en la escuela". Doble Reconocimiento sobre su vida. Agradecíamos a Dios por esas sorpresas tan agradables.

En Preparatoria fue muy sobresaliente y en la Universidad saco Primer lugar en los 4 años de carrera, le dieron una beca en rectoría y fue la presidenta de la Sociedad de Alumnos por 4 años.

Muy claro está escrito *"Si escuchas los mandatos del Señor tu Dios que te entrego hoy y los obedeces cuidadosamente, el Señor te pondrá a la cabeza y no en la cola, y siempre estarás en la cima, nunca por debajo"* Deuteronomio 28:13

Ahora sé que se cumplen sus promesas y su vida ha sido exitosa solo había un área en la cual ella no se había realizado, en el amor.

Sus amigas con novios desde los 15 años y ella solo recibía rechazo tanto de las amigas como de los galanes, era muy robusta e inteligente para las niñas de su edad, así que parecía la mama de ellas, en exámenes mi casa estaba llena de niños y niñas que solo la usaban para que las enseñara y pudieran pasar los exámenes, después de ello, la rechazaban, no la invitaban a fiestas, le mentían que no iban a asistir y mi hijo iba por ella y le decía allá andan todas "tus amigas", así que ella lloraba mucho. Un día que mi marido y yo lloramos a Dios por ella y sentí muy dentro de mi corazón estas palabras *"Dice El Señor que no mendigues amor hermosa que El te tiene reservado un galán y es extranjero"* Ella se tranquilizo, nosotros también y la abrazamos.

A los 20 años de edad Dios rompió toda maldición en mi hija de no tener novio (El extranjero no ha llegado todavía).

Pero ella es muy feliz, ya se recibió de LIC. EN RELACIONES INTERNACIONALES, tiene trabajo y está estudiando una maestría misma que quiere terminar en Europa.

SE QUE DIOS NO CUMPLE NECEDADES PERO SI CUMPLE SUS PROPOSITOS...Y... SUEÑOS...

EL SEÑOR DICE:

"Yo soy el Señor, Dios de todos los pueblos del mundo. ¿Hay algo demasiado difícil para mí?

Canción para mi hija:

"Mi bella y dulce niña"

Las cosas de la vida
Mi bella y dulce hija
En mis planes no estabas
Lloraba mi desgracia
Sin Dios me encontraba
Con vanidad llenaba
Frustrabas mi carrera
Mi cuerpo deformabas
Llegaste en mal momento

Según yo, decidía
Sobre mi propia vida
Sumida en depresión
Jesús llego a mi vida
Dándome revelación
De toda mi maldad
Que en sus planes
Si estabas desde antes
De nacer, y darme
La alegría en medio
Del dolor por tanto
Sufrimiento,

No lo podía Negar,
Al verte me impactaste
Tus bellos ojos negros
No pude resistir
Además el saber
Que pudiste morir
Yo no reconocía
Lo que en verdad tenía
A una dulce niña
Regalo de mi vida
Cada día dabas prueba
Que no eras de este mundo
Tu buen comportamiento
Tu gran inteligencia
Tu gran entrega a Cristo
Eras tan diferente a todas
Las demás

No estaba acostumbrada
A tan bello regalo
Cambiabas mi tristeza
En todo lo contrario
Y hasta el día de hoy
Lo sigues aun logrando
En todo lo que emprendes
Siempre hay bendición

Amado Rey Jesús
Por eso te amo tanto
Aun siendo tan mala
Centraste tu atención
En esta sierva inútil
Que solo lo que hace
Es servirte de emoción

TU SI QUE ERES BUENO

¡TE AMO MI JESUS!

6

LA ALEGRIA DE SER LIBRE

EL OCULTISMO EN MI LINEA GENERACIONAL

La familia por parte de mi madre viene de una descendencia generacional de hechicería, la tendencia a estar contando historias de fantasmas, era por esa misma razón.

Investigue sobre este tema a raíz de la muerte prematura de mi madre y la secuencia de muertes en una familia. Un año murió su bisabuela, después mi madre, mas tarde mi abuela, después su hermano más pequeño y por último el segundo hermano (Se acabo su familia).

¿Ahora quien seguía?

La siguiente generación éramos nosotros "LOS HIJOS".

Mi madre fallece a los 35 años de edad, mis tíos de 50 y 41 años de edad, estaban en una edad productiva.

Sobre que había sido de las vidas de mi abuela y bisabuela, conocí la historia por una tía la más anciana de la familia de mi madre. Mi bisabuela practicaba el ocultismo, contaban que hablaba con muertos o aparecidos, que tenía una Hacienda que había comprado con un tesoro que se había encontrado, otra cosa impactante que me contaban, era que ella podía hacer unas oraciones al revés y al derecho para derribar a "las lechuzas" que son los pájaros en que supuestamente se convierten las brujas, ella les ordenaba que pasaran a su casa al siguiente día por sal y efectivamente las señoras se descubrían en persona ya que iban y le pedían sal en persona. Mi abuela curaba y mi madre nos barría con hierbas y un huevo cuando estábamos pequeños.

Antes de casarnos acudíamos con una prima por parte de mi madre ella también estaba en ocultismo y para nosotros ella era nuestro dios, problema que se presentaba íbamos para que ella nos diera la solución con rezos y remedios.

Un día nos invitaron a un retiro espiritual de mi denominación, en ese encuentro reconocí que eso no era bueno y pedí perdón a Dios, mas no sabía que había que hacer una liberación generacional.

Sobre todo esto descubrí en la palabra de Dios en Deuteronomio 18:9-14

Cuando entres en la tierra que el SEÑOR tu Dios te da, ten mucho cuidado de no imitar las costumbres detestables de las naciones que viven allí. Por ejemplo, jamás sacrifiques a tu hijo o a tu hija como una ofrenda quemada. Tampoco permitas que el pueblo practique la adivinación, ni la hechicería, ni que haga interpretación de agüeros, ni se mezcle en brujerías, ni haga conjuros; tampoco permitas que alguien se preste a actuar como médium o vidente, ni que invoque el espíritu de los muertos. Cualquiera que practique esas cosas es detestable a los ojos del SEÑOR. Precisamente porque las otras naciones hicieron esas cosas detestables, el SEÑOR tu Dios las expulsará de tu paso. Sin embargo, tú debes ser intachable delante del SEÑOR tu Dios. Las naciones que estás por desplazar consultan a los adivinos y a los hechiceros, pero el SEÑOR tu Dios te prohíbe hacer esas cosas.

"No te inclines ante ellos ni les rindas culto, porque yo el Señor tu Dios, soy Dios celoso quien

no tolerara que entregues tu corazón a otros dioses, EXTIENDO LOS PECADOS SOBRE LOS HIJOS, TODA LA FAMILIA DE LOS QUE ME RECHAZAN QUEDA AFECTADA, HASTA SUS HIJOS DE LA TERCERA Y CUARTA GENERACIÓN"

Por lo tanto fui Liberada de toda maldición generacional de hechicería y ocultismo y mis hijos, nietos y bisnietos también, en una reunión de Líderes en Houston Tx.

Es importante conocer nuestra historia y también la Prehistoria. Existen familias con tantas desgracias y no entendemos porque suceden. Algunos fracasos, enfermedades, ruina, muertes, etc.

Deseo con todo mi corazón que estas experiencias puedan ayudar a liberarte y a los tuyos darles un mejor futuro.

Es como comprarles un boleto a nuestros hijos para que sean felices

YA QUE SI NO CONFESAMOS NUESTROS PECADOS OCULTOS Y MALDICIONES GENERACIONALES, NUESTROS HIJOS SEGUIRAN CON LAS MALDICIONES

Si hubo abandono en tus generaciones, tu podrás sufrir abandono y los tuyos por eso hay tantos divorcios en el mundo.

Mi abuela se divorcio, de mi abuelo por su adulterio y mi madre y sus hermanitos fueron abandonados por ellos en su niñez, estuvieron con varios familiares. Por eso es que mi vida fue llena de mucho abandono, las canciones que mas me gustaban en mi juventud eran de mucho abandono de José-José

"Si me dejas ahora"

"Que triste todos dicen que soy"

"No me digas que te vas" etc.

Si hubo violaciones, nuestros hijos van a ser abusados y eso me da terror hay que cubrir a nuestros hijos

Si tus padres cometieron inmoralidades sexuales como adulterio, fornicación, etc. Nuestras generaciones futuras pagaran la factura y doble

David adultero con una sola mujer.... su hijo Salomón peco mas, tuvo 700 esposas y 300 concubinas además de adorar a otros Dioses.
(1ª. Reyes 11:3).

"Hoy les doy a elegir entre la bendición y la maldición: Bendición, si obedecen los mandamientos que yo, el Señor su Dios, hoy les mando obedecer; Maldición, si desobedecen los mandamientos del Señor su Dios y se apartan del camino que hoy les mando seguir, y se van tras dioses extraños que jamás han conocido".
(Deuteronomio 11:26-28)

En un libro de Sanidad Inter- generacional Dios me rebelo que después de un aborto nuestra matriz queda con maldición y el segundo hijo que ocupa esa matriz la recibe, mi hija Samanta fue la que ocupo mi matriz después de ese pecado.

Después Dios me rebelo por el Poder de su Espíritu Santo otra maldición a través de los nombres que les ponemos a nuestros hijos, investigue que el nombre de Samanta lo llevaba la primera bruja de Salem quemada en la hoguera en el siglo XVII además en honor a su nombre existe una serie cómica de una bruja que movía la nariz "Hechizada", muchos nos reímos con sus maldades mas es una realidad la hechicería. Le pedí perdón a Dios por mi ignorancia al respecto y cubrí a mi hija con su sangre preciosa, lo más maravilloso es que Dios nos bautiza con otros nombres y mi hija tuvo la dicha de que El Señor le diera un nombre nuevo.

"PERLA DE JESUS"

ORACION

Sanidad Inter-generacional

Padre Celestial:

Hoy vengo ante ti a pedir perdón por todos los pecados cometidos por mis ancestros en todas mis generaciones pasadas y rompo con todo pacto que se hizo consciente o inconscientemente con el Ocultismo y Hechicería, corto con todo adulterio, abuso sexual, vicios, divorcios, soltería, esterilidad, cáncer, tumores, sida, infartos, diabetes y todo tipo de enfermedad y cualquier otro pecado abominable en mi línea generacional y en mi propia vida. Hoy te reconozco como mi único Dios y Salvador y recibo tus Bendiciones. A partir de hoy mis generaciones futuras serán bendecidas a través de mí y la decisión de seguirte...

En el nombre de Jesús... Así Sea.

"Si obedeces al Señor tu Dios en todo y cumples cuidadosamente sus mandatos que te entrego hoy, el Señor tu Dios te pondrá por encima de todas las demás naciones del mundo. Si obedeces al Señor tu Dios, recibirás las siguientes bendiciones:

Tus ciudades y tus campos
serán benditos.

Tus hijos y tus cosechas
serán benditos.
Las crías de tus rebaños y
manadas serán benditas.
Tus canastas de fruta y tus paneras
serán benditas.
Vayas donde vayas y en todo lo que hagas,
serás bendito.

»El Señor vencerá a tus enemigos cuando te ataquen. ¡Saldrán a atacarte de una sola dirección, pero se dispersarán por siete!

»El Señor te asegurará bendición en todo lo que hagas y llenará tus depósitos con granos. El Señor tu Dios te bendecirá en la tierra que te da.

»Si obedeces los mandatos del Señor tu Dios y andas en sus caminos, el Señor te confirmará como su pueblo santo, tal como juró que haría. Entonces todas las naciones del mundo verán que eres el pueblo elegido por el Señor y quedarán asombradas ante ti.

»El Señor te dará prosperidad en la tierra que les juró a tus antepasados que te daría, te bendecirá con muchos hijos, gran cantidad de animales y cosechas abundantes. El Señor enviará lluvias en el tiempo oportuno desde su inagotable tesoro en los cielos y bendecirá todo tu trabajo. Tú prestarás a muchas naciones pero jamás tendrás necesidad de pedirles prestado.   Deuteronomio 28:1-12

7

LA ALEGRIA DE ACEPTAR UNA HIJA CON CAPACIDADES DIFERENTES

He experimentado la alegría de ser madre y el dolor de ver a mi primer hija crecer diferente a los demás, su niñez fue muy normal hasta los cuatro años, después de que sufrió la primer convulsión, dejo de tener interés en aprender, no tenía la capacidad de tomar el lápiz para escribir, yo no tenía conocimiento de lo que estaba sucediendo con su vida, nadie me dijo que a través de la enfermedad iba a retrasarse, ni los médicos lo hicieron. Fue muy hiperactiva y pase por grandes angustias, por peligros cuando salíamos con ella, desde soltarse de mi mano y ser atropellada por un auto hasta perderse en la tiendas, pasando por un agonía cuando no la encontraba, un día un amigo la saco del baño de los hombres.

Siempre estaba muy estresada, ya que trabajaba, aunado a esto tenía problemas matrimoniales y por mi ignorancia, fui muy dura con ella y la maltrate verbal y físicamente. Opte por no salir, prefería no convivir con nadie, ni salir a ningún lado ya que no soportaba ver que la gente la observara como algo raro y con justa razón, ella era diferente. Yo seguía sintiendo que Dios nos estaba castigando, y eso me hacia ser muy infeliz. Cuando ella cumplió ocho años de edad, yo decidí entregar a Dios mi vida, mis hijos, mis problemas y mi sufrimiento y algo sucedió: Primero deje de estar estresada, me sentí en paz y comencé a tenerle paciencia.

Con el tiempo una amiga me regalo un poema de un padre que tenía una hija especial y al leerlo toco mi alma. Mis pensamientos fueron cambiando ya que lo que para mí era un castigo, ahora entendía que era Un regalo de Dios, que fuimos escogidos para ser padres de este angelito, que mi esposo y yo estábamos siendo transformados para tener el carácter y fortaleza para poder aceptarla, atenderla y amarla, como Dios lo envía como "un combo" no solo era para nosotros si no que también era para mis hijos, que pasaron por vergüenzas, sobre todo mi segundo hijo Abraham, que no invitaba amiguitos a casa por tener una hermanita diferente, recuerdo que una vez llegaron a visitarlo de sorpresa unos compañeros de la escuela , estaba tan preocupado que se adelanto a gritarle a su hermanita ¡Loca! ¡Loca! Él lo hacía antes de que los demás se burlaran de ella, solo Dios pudo transformar sus corazones y darles un gran amor por ella, la cuidamos como algo tan valioso, delicado y hermoso, que solo agradecimiento tenemos por esa gran bendición.

Hace dos años sucedió una grave situación con mi hija Sam, comenzó a convulsionar cada veinte minutos toda la noche y todo un día, ella estaba muy débil, ya no podía caminar, ni hablar. Por muchísimos años ella no se había enfermado tanto, ni cuando se enfermo por primera vez, ni en la infancia, lo máximo que le daban al día eran seis convulsiones, desde conocí a Jesús entregue todo mi vida, mi familia, las enfermedades, etc. descanse en El y le di el control de todo. Ahora no entendía que estaba sucediendo con mi hija, ore y le pregunte que me dijera "para que" estaba pasando esto y me respondió en mi corazón con tres preguntas:

1.- **¿Silvia me amas?** Y yo como Pedro le dije "Señor tú lo sabes todo y sabes que te amo" y me contesta ¿Me amas más que a Samanta? ¡Y saben ahí temblé! Porque unos días antes estaba observando a mi hija y sentí tanto amor por ella que me hice una pregunta a mi misma ¿la estaré amando más que a Dios? No, no Señor tu eres el primero en mi vida, mas Dios que todo lo sabe, me hacia la pregunta porque EL ya lo sabía. Así que reconocí mi debilidad, le pedí perdón y le dije *"Ayúdame a amarte solo a ti antes que a ella, no quiero ofenderte mi Señor"*.

2.- ¿Estas dispuesta a dar tu vida por ella? y Le conteste*" claro que sí Señor que madre no estaría dispuesta a dar su vida por un hijo solo te pido que me la sanes totalmente y me la dejes completita para que no sufra con nadie"* después guardo silencio toda la madrugada no me contesto por mas que le hablaba, me fui a la biblia para ver si me daba respuesta y nada, me puse a escuchar una grabación en mi celular de una charla de un líder fraterno de Nicaragua y me quede dormida justamente me despierto temprano y escucho en la charla que me dice:

3.- ¿Estas dispuesta a darme a tu hija en sacrificio como Abraham lo hizo, por amor a mi nombre? Saben, ahí me doble, llore y le dije *"Ya te la vas a llevar Señor, gracias por dejarme disfrutarla estos veinte años y me va a doler mucho pero es tuya tu me la diste y te la entrego totalmente, gracias Señor"* y me contesto "-cordón de tres dobleces- Ya estábamos buscando un hospital para llevarla, su tía que es medico la vino a ver y nos dijo: "si no la internan inmediatamente, le puede dar un paro cardiaco o un derrame cerebral ya que está muy débil" hable con mi familia le dije a mi esposo y a mis hijos lo que había estado hablando con Jesús y que no sabía si mi hija ya se iba, que había que entregarla ellos también y que se hiciera su voluntad.

Lloraron y Dios me rebelo que el cordón de tres dobleces era la Oración en familia que no estaba reforzada nuestra oración, cada quien orando por su lado, necesitábamos hacerlo en familia. Estuvo internada, le controlaron las convulsiones por unas horas y volvía a convulsionar, hasta que nos dijeron los neurólogos que tenían que desconectarla totalmente, como una computadora y volverla a resetear. Le provocaron un coma duro 16 días internada, le hicieron estudios de todo su cuerpo y muchos desvelos, pero nosotros con mucha paz. Oramos juntos todos esos días y mi hijo se soltó llorando y le dijo "Señor no te la lleves, yo pensando que quiero un coche y en ropa de marca, puras estupideces, no quiero nada solo a mi hermana, no te la lleves por favor".

La verdad lloramos todos porque no sabíamos que el traía eso en su corazón, así que nos fuimos dando cuenta en sus propósitos estaba haciendo reaccionar a mi hijo que tenia malos pensamientos que le amargaban su existencia. A la los diez días

de estar desconectada la volvieron a conectar y nos
llevamos un susto porque ahora tenía neumonía
porque los tubos le habían lastimado su interior,
su tía nos dijo que no nos preocupáramos que era
normal y que con medicamento le quitarían la
infección.

EL MILAGRO MAS GRANDE ES QUE LOS
NEUROLOGOS NO ENTENDIA ALGO
QUE SUCEDIÓ, SU CEREBRO DEBERIA
TENER DAÑO CEREBRAL POR TANTAS
CONVULSIONES DESDE LA INFANCIA
HASTA ESOS DIAS Y LA RESONANCIA
MANIFESTO QUE ELLA TENIA UN CEREBRO
NORMAL, COMO CUALQUIERA DE
NOSOTROS.

Quisieron hacerle más estudios porque no
lo entendían, nosotros sabemos que solo fue
una prueba más de FE y poder ver su Poder
manifestado en ese CEREBRO para DARLE
TODO EL RECONOCIMIENTO A DIOS...
La trajimos a casa, no caminaba, no hablaba,
no comía, después de unos días comenzó a dar
pasitos, a hablar poco a poco y comer despacio,
su piel se le hizo nueva, se le quitaron las ojeras
que tenía desde niña, creció unos centímetros y sus
huesos se llenaron de carne ya que tenía una rara
delgadez, se hizo súper inteligente, AHORA ESTA
HERMOSA Y LLENA DE VIDA. Todavía esta

medicada porque los médicos dicen que tenía muy poca dosis de medicamento en su cerebro por ello convulsiono.

"Nosotros sabemos que no se mueve una sola hoja de un árbol si no es por la voluntad de Dios". Y Espiritualmente la declaramos sana al 100% Físicamente está sana un 99% y como sabemos que Dios no hace las cosas a medias esperamos ese 1% de su sanidad total. ¡LE DAMOS Gracias a Dios por su Inmensa misericordia hacia nosotros y nuestra hija

Por eso y por mucho más, le hice una canción a mi
hermosa hija Sam:

"Ángel del cielo"

Es tan maravilloso
Tener a Dios contigo
Lo ves por todos lados
No se diga en los tuyos
Dios me ha dado el honor
Para tan noble causa
Ser madre de un ángel
Que ha dado luz a casa
No siempre fue así
Lloraba mi desgracia
Culpable me sentía
De tal imperfección
Buscando solución
Sin encontrar respuesta
Tuvimos que buscarte
No nos quedaba nada
Solo mirar al cielo,
Solicitar ayuda
Sin dejarse esperar
Llegaron tus respuestas
Dándome la instrucción,
Que era solo un regalo
Que EL nos había enviado
Y que a través de ella
Limpiaba el corazón

Que tan sucio estaba
Otra cosa mostro
Que en las debilidades
Su poder es manifiesto
Que era tan solo un trato
Con nuestro corazón
Y que a través de ello
Nos diera salvación
Es tan maravilloso tener a Dios contigo
Lo ves por todas partes no se diga
En los tuyos.

¡PRECIOSA PERLA DE JESUS

TE AMAMOS SEÑOR!

8

LA ALEGRIA DE
PODER AYUDAR

A todos mis hermanos les apoye en lo que pude, sobre todo a las mujercitas, en darles estudio, les financie carreras comerciales para que se recibieran de secretarias. Con mis influencias a todas las acomode en diferentes bancos.

Mi hermana Norma es la cuarta de los nueve, siempre nos hemos llevado muy bien Ella fue la primera que se recibió de Secretaria solo contaba con quince años, es de estatura pequeña y cometí el grave error de conseguirle un acta de nacimiento donde aparecía que ella tenía dieciocho años, solo para ponerla a trabajar y me ayudara a sacar adelante a los demás hermanitos. Le puse zapatos de tacón alto, muy maquilladita para que se la creyeran que tenía esa edad (apenas podía caminar) Y como todo lo que se siembra se cosecha. Pague muy caro ese error, ya que la lance a "la boca de los lobos" ella estaba muy bien formada, los hombres maduros la comenzaron acechar, surgían fiestas que los clientes preparaban para todos los empleados del banco y ofrecían bebidas, llegaba muy tarde, se hizo muy social, después se compro un coche y menos sabia donde andaba.

En ese tiempo estaban violando mujeres en mi región y acababan de encontrar una chica en el canal abusada y ahogada. Yo ya no podía más de la preocupación y a mi manera hable con Dios y le dije que se la entregaba, que la cuidara y que yo tenía que estar en paz y confiada en El.

Gracias a Dios nunca le sucedió nada, cuando cumplió sus 25 años cometió un error, el tener relaciones con un amigo, no era su novio, quedo embarazada y de verdad que hasta el día de hoy la respeto por "Su Valor" porque no le importo el qué dirán y siendo soltera tuvo a su hijo Brayan, fue un gran ejemplo para mi vida. Conto con el apoyo de toda la familia para que tuviese su bebe.

Teníamos poco tiempo en el camino de Dios había escuchado un Testimonio de un hombre de negocios que me impacto, ya que fue hijo de una madre soltera en su época estaba más marcado lo de las madres solteras y contaba cómo fue humillado por la familia de su madre desde niño, le hacian bullying en la escuela porque su madre le puso sus apellidos ya que el padre no lo quiso reconocer, al igual que mi hermana con el padre de su hijo.

Desde que Brayan nació, le amamos en mi familia ya que convivió mucho con mis hijos, yo le dije a mi esposo y a mi hermana que si podía mi esposo darle su apellido Para que el no sufriera "con un solo apellido" y los dos aceptaron. Brayan se apellida igual que mis hijos. En ese tiempo mi hermana le entrega su vida a Jesús en Fihnec y al mismo tiempo ya tenía planes de irse a Estados Unidos a trabajar para venir a reconstruir la casa de mi madre y ahí vivir con su hijito, se fue y no se regreso pronto, ya el niño había cumplido como tres años y le dije "deberías de rehacer tu vida estas muy joven, búscale un papa al niño ahora que esta pequeño puede querer a alguien como su padre" mi hermana me dijo que no estaba en sus planes, ella se dedico demasiado a su pequeño y a trabajar, se había olvidado de ella.

Así que mis amigas y yo en Fihnec comenzamos a orar para que llegara alguien a su vida que fuera bueno, trabajador y que la amara a ella y a su hijo y Dios no se dejo esperar, a los siete meses aproximadamente llego su galán Jim, un hombre muy trabajador, así como le pedimos a Dios, la trataba muy bien a ella y a su hijo y le propuso matrimonio así se que se casaron. El estaba divorciado y tenía varios hijos, a ella no le importo porque ella tenía al suyo. Tenían muy buen matrimonio, el se llevaba muy bien con su hijo y todo estaba muy bien hasta que ella se embarazo de nuevo, mi sobrino se sintió desplazado, además entro en la adolescencia y se les rebelo tanto que hacia maldades.

Lo mandaron al "boot camp" donde se estaba portando muy bien para regresar con su mama el fin de semana y cuando regresa a casa, mi hermana que tenía problemas con su esposo por el que ya no lo quería en la casa, le dijo que ya no podía recibirlo. Mi hermana me llamo para decirme que su hijo regreso al "boot camp" y que le llamaron de ahí para decirle que su hijo había estado llorando toda la noche con mucho dolor y después le llama a su mama para despedirse de ella porque se iba a escapar de ahí.

Yo ore a Dios por él y toda la noche no pude dormir porque Dios me rebelo que él se iba a suicidar, que se estaba despidiendo de su mama y que se iba a escapar de la vida, ya que su madre le había dado la espalda yo lloraba por el intensamente. Le pedí a mi esposo que hablara al siguiente día para saber si estaba bien. Mi esposo llamo y le dijeron que estaba en una clase que le llamara en diez minutos, le preguntaron que quien le había hablado y mi esposo le dijo "su papa de México", de rato volvimos a llamar y contesto muy contento, creo que pensaba que era su padre de sangre, y mi esposo le dice "soy tu tío hijo" pero legalmente soy tu padre en México.

El se puso contento porque todos sus amigos y maestros estaban muy impresionados por la llamada de "su padre" por primera vez. Mi esposo le dice tu tía Silvia está muy preocupada por ti y quiere hablar contigo, así que me pasa la llamada y le digo "Hijo te queremos ayudar, somos tu familia, no estás solo, aquí hay un hogar para ti nosotros te amamos" me contesto que no podía porque tenía corte y tal vez no lo iban a dejar salir del país, etc. Le dije "por favor déjate ayudar" Y ya mi esposo me quito el teléfono y le dijo, ¡Quieres o no quieres la ayuda, Si no para no estar perdiendo el tiempo con esta llamada! Al que contesto que si quería venirse a nuestro hogar.

Al mes mi esposo fue a la cita con el juez y nosotros orando para que lo dejaran salir del país. Dios no se hizo esperar, le dio el juez el fallo a su favor, lo apoyaron sus maestros por buen comportamiento y mi esposo lo trajo a vivir con nosotros por un año. En nuestro hogar le tratamos dignamente, llego muy "cholo" con sus tatuajes, pelo rapado y ropa talla XXL, le compramos ropa para vestirse bien, se hizo un buen corte de pelo y como es muy educado, no tuvimos problemas, solo un día que se subió al techo de la casa con un amigo de mi hijo y nos asusto, pensamos que se andaban robando, así que mi esposo le llamo fuerte la atención. Después del regaño estuvo llorando conmigo arrepentido y traía una servilleta manchada con sangre y veo como sus puños traen cortadas. Me asuste mucho y comencé a orar por el cancelando todo espíritu de suicidio.

Y le brindamos mucho amor y ayuda espiritual. Un día le pregunto sobre aquella vez que le hablamos, donde Dios me había revelado que se iba a quitar la vida y me confirma que si lo hizo, se tomo un bote de pastillas pero no murió, solo le quitaron las fuerzas y no podía levantarse, pero que le pidió perdón a Dios por haberlo intentado.

LE PRESENTAMOS A SU PADRE, QUE NUNCA FALLA A NUESTRO SEÑOR JESUCRISTO Y LE ENTREGO SU VIDA Y SUS PLANES. REGRESO RESTAURADO INTERIORMENTE, SABIENDO QUE VALE MUCHO Y QUE TIENE UNA FAMILIA QUE LE AMA.

Hable con mi hermana y le pidió perdón a su hijo por haberse negado a recibirlo.

Ella vino por él y llegando le pidió perdón al esposo de mi hermana. Y se restauro su relación con ellos.

AHORA ES UN JOVEN DE BIEN, CON GANAS DE SER EXITOSO EN TODO LO QUE EMPRENDE. DAMOS GRACIAS A DIOS POR SER INSTRUMENTOS DE SU AMOR PARA OTROS.

"Porque tuve hambre, y ustedes me dieron de comer; tuve sed, y me dieron de beber; fui

forastero, y me dieron alojamiento; ³ *necesité ropa, y me vistieron; estuve enfermo, y me atendieron; estuve en la cárcel, y me visitaron."* Mateo 25:35-36

9

LA ALEGRIA ANTE LA MUERTE

MI PADRE

Después de haber perdonado a mi padre y a su esposa, tuve la alegría de tener una bella relación familiar, siempre estuve a su lado en todo momento, al pendiente de sus necesidades y su salud, lo visitaba muy seguido , trate de hablarle acerca de Dios y comenzó a rechazarme, mi esposo me dijo que guardara silencio y ya no lo molestara, así que calle sobre ese tema y un día se encontraba lastimado y vendado de su mano y mi hija Pamela que contaba solo con 5 años de edad le sugirió que si le hacia una oración por sanidad y no la rechazo ya que se le hizo algo muy dulce en una niña tan pequeña, a la siguiente semana que lo visitamos estaba maravillado porque su mano estaba completamente sana,-cuando uno calla Dios

usa a los niños- después de ver lo que sucedió, el
comenzó a hacerme preguntas acerca de Dios y
su palabra, hasta que estuvo dispuesto a abrir su
corazón y acepar a Jesús como el dueño de su vida.

Hace cuatro años sucedieron situaciones muy
dolorosas en mi familia. Un día me llaman para
avisarme que mi padre estaba muy grave en el
hospital que había sufrido estallamiento de hígado
por una cirrosis crónica y que le quedaba muy
poco tiempo. Siendo una mujer de Fe, estaba muy
fuerte, más de pronto comencé a visualizarme de
luto, ver el entierro y me eche a llorar como una
niña, de pronto siento un pensamiento de Dios
muy fuerte que me decía: *"Seca tus lagrimas, tu
padre no está muerto, aun Lázaro que tenía tres
días de muerto yo lo resucite ¿Acaso crees que no
puedo levantar a tu padre?* Inmediatamente seque
mis lágrimas, deje de llorar creyendo lo que había
recibido en mi pensamiento, de una manera muy
fuerte era DIOS.

Me fui al Hospital al día siguiente, quedaba a tres
horas de mi lugar de residencia, ya estaban todos
mis hermanos de Estados Unidos reunidos. Entre
al cuarto del Hospital y lo que vi me aterro, estaba
tan mal que me dieron ganas de llorar, parecía
que estaba muerto, su piel pálida como sin vida,
pero me contuve y recordé lo que había sentido
de parte de Dios, esas palabras que me daban

esperanza, Ore y cancele todo espíritu de muerte y declaré vida sobre su cuerpo inconsciente y le pedí a Dios órganos nuevos en el nombre de Jesús, reconociendo que El tiene Poder para hacer todo nuevo , además le pedí que le prolongara la vida como al Rey Ezequías que cuenta en la Biblia y por todo el tiempo que hemos dedicado a su Servicio, mi padre alcanzara sanación. Ese día no sucedió nada los médicos se acercaban y me reafirmaban el diagnostico y que agonizaba. Yo no lo aceptaba en mi interior y declaraba vida.

Al día siguiente seguía sin reaccionar y creyendo en esas palabras y leyéndole la Biblia, en la tarde de repente empieza a quejarse y le pregunto ¿cómo estas papacito? Y me contesta "muy mal", yo estaba muy contenta porque estaba hablando muy débilmente pero toda pregunta que le hacia la contestaba, al siguiente día ya había abierto los ojos y quería ir al baño, cosa que no podía por supuesto, al tercer día ya estaba con un color hermoso en sus mejillas, sentado pidiendo de comer, le dije" tu alimento esta en lo que te están dando en el suero"

El cuarto día, ya estaba comiendo un caldo de pollo y caminaba para ir al baño. Enseguida de eso los médicos comenzaron a hacerle estudios porque no sabían lo que había sucedido con el moribundo. Yo me regrese a casa segura de que DIOS LE

HABIA HECHO EL MILAGRO como a Lázaro. Así que estuvo dos preciosos años con vida y salud.

El año 2012 fue muy difícil en mi vida, en el mes de Enero me avisan que se había caído y roto una pierna, volvió al hospital y al mes lo iban a operar y de estar en la plancha lo regresaban porque la sangre no se coagulaba y no resistiría la cirugía, así estuvo por un mes más con tres intentos de operación hasta que nos dijeron que si entraba a la cirugía ahí iba a morir, que mejor lo lleváramos a casa y lo tendríamos más tiempo. Así que en Mayo de ese mismo año, se debilitó, ya no quería comer, ya le molestaba todo, me llamaron para que fuera a verlo y esa noche hable con Dios y sentí el dolor más profundo de saber que ya no iba a darle más tiempo, que ya era la hora de su partida, de todas formas lo ayudamos con médicos y medicamentos pero ya no reaccionaba bien.

Ese día que agonizaba, yo tenía que impartir una conferencia de principios y valores en Estados Unidos, así que estuve con él todo el tiempo, les dije a mis hermanos que se despidieran de él, si había que perdonar o pedir perdón que era el tiempo. Yo también lo hice, le dije que no tuviera miedo, le leí el lugar a donde iba a ir según la biblia, estaba rodeado de todos sus hijos nietos y seres querido yo le decía "papacito si pudieras ver como estamos tanta gente despidiéndote, y así dice la biblia, que es mejor la hora de despedida que el día de nacimiento, porque al nacer se viene a padecer y el regresar con DIOS, es GOZAR LA VIDA ETERNA , a donde vas no hay enfermedad, vas a poder estar sano y joven, sin preocupaciones, mereces esta despedida porque fuiste bueno padre, a pesar de tus errores, te mereces esta despedida, con todos los que te amamos y agradece a Dios por este privilegio. Ya que muchos mueren solitos en alguna casa de retiro y tu estas bien acompañado", lo besamos todos y le dije a mis hermanos estas palabras:

Un día Jesús le dijo a un joven que lo siguiera en su servicio

El hombre aceptó, pero le dijo:

—*Señor, deja que primero regrese a casa y entierre a mi padre.*

JESÚS LE CONTESTA:

Deja que los muertos entierren a sus propios muertos, pero tú ve y proclama el reino de Dios

A OTRO TAMBIEN INVITO:

Te seguiré, Señor; pero primero déjame despedirme de mi familia.

JESUS LE RESPONDIO;

—Nadie que mire atrás después de poner la mano en el arado es apto para el reino de Dios

Les digo a mis hermanos, ustedes no están muertos, ya conocen a Jesús. Yo me voy a servirle, voy a dar esa Conferencia, antes de partir clame a gran voz...

¡SEÑOR JESUS, LEVANTALO O LLEVATELO!, ¡YA LO LEVANTASTE UNA VEZ SE QUE LO PUEDES HACER DE NUEVO!

Me fui y cuando voy a medio camino me llama una de mis hermanas para decirme que hacia 20 minutos acababa de partir mi padre. Le dije hermanita no llores, DIOS CONTESTO MI ORACION, DECIDIÓ QUE DEBERIA ESTAR CON EL, YA DESCANSO DE SU AGONIA Y SUFRIMIENTO YA VAMOS A DESCANSAR DE VERLO SUFRIR, NO ME CABE LA MENOR DUDA QUE JESUS VINO POR EL...

Así que entro una PAZ SOBRENATURAL en mí que me sorprendí y comencé a cantarle a Dios agradeciendo haberme dado un padre tan hermoso y dejarlo 76 años en este mundo, cumpliendo con El hasta el último momento.

Compartí la Conferencia, mis amigas no podía creer que estuviera tan tranquila y confortada. Creo que ellas estaban más afectadas por la noticia y sobre todo verme allí trabajando para Dios.

Regrese en la noche, lo busque en los velatorios y estaba tan hermoso como dormido con una paz y su camisa negra de gallitos porque le gustaban mucho los pollos, gallinas y gallos. Ahí mismo le hice cariños y en la iglesia en medio de su féretro, se perdonaron mi hermana y mi madrastra.

QUE LINDO DIOS QUE HASTA EN ESOS MOMENTOS TRABAJA EN NUESTRA RECONCILIACION.

* Un consejo para toda persona que ha perdido a un ser querido, no es bueno estar hablando con ellos, hay que dejarlos descansar, escuche una historia de un Líder Espiritual la cual me dejo una gran enseñanza
* "Su padre murió y no podía olvidarlo, lo extrañaba y le hablaba a cada momento, sabiendo que estaba mal, un día decidió no hacerse más daño y le pidió a Dios perdón por retenerlo y le dijo lo entrego en tus brazos Señor, ya no pertenece a este mundo. De pronto se abre la puerta de su habitación

y era su padre que le decía "gracias hijo por dejarme ir"

❊ Yo puse una foto de mi padre como pantalla en mi computadora después que falleció, cada vez que la prendía, le hablaba y le hacía cariños, después de ese mensaje entendí que tenía que dejarlo descansar.

MI SUEGRA

Mi Gran amiga, desde que yo fui novia de su hijo me trato muy bien. Ella me admiraba mucho por la valentía que Dios me había dado para soportar los sufrimientos, así que a partir de ese tiempo reprendía a mi esposo, que no me hiciera perder el tiempo si no pensaba algo en serio conmigo

Ella fue una mujer admirable con un carácter fuerte pero muy positiva una gran guerrera por su familia, muy trabajadora sacando adelante toda situación y muy generosa. Se pensiono de enfermera y la gente la amaba por su apoyo y bondad. Ella se dio tiempo para estar con todos sus hijos y nietos. Fue mi gran apoyo cuando nació mi hija Sam, aunque se culpaba por la enfermedad de mi hija por todos los pecados que cometió en su vida y le hacía sufrir que se enfermara y que la gente fuera tan cruel y vieran a su nieta Sam con malos ojos, no lo podía superar, yo le decía que no se preocupara, que los bendijera. Sobre sus errores le animaba siempre diciéndole "Que Dios ya la había perdonado y que si sus pecados fueran rojos como la grana que el Señor los transformaría y los haría blancos como la nieve" por fin pudo liberarse de muchos secretos de familia y recibió a JESUS consiente, cuando tenía que viajar mis hijos se quedaban bajo su cuidado y al fin abuela los trataba mejor que ni yo, mi casa la encontraba "súper limpia" Así era ella de pulcra ¡Un ejemplo de mujer!

EL ALZHEIMER

Aproximadamente a sus 70 años comenzó a tener muchos temores en su casa, se deprimía mucho, lloraba todas las tardes, así que la hospedábamos por las noches por unos ocho años estuvo en mi casa así, para que no se sintiera sola. Más tarde comenzaron los olvidos, clínicamente le declararon Alzheimer, ahora ya no podía estar sola tuvimos que hablarlo como familia y hospedarla un año entre su sobrina, su hijo más pequeño y nosotros. La enfermedad la consumía cada día, pude ver como lloraba a diario, repetía las mismas cosas contaba historias de su niñez y conforme aumentaban los síntomas, inventaba mentiras, aunado a que ya sus piernas no le respondían, fue una etapa muy difícil que la misma familia estaba muy afectada, ya se olvidaba cambiarse y bañarse, yo le decía le voy a cuidar su dignidad mientras este conmigo así que le pintaba el pelo, le pintaba su boquita, sus uñas, la vestía bonita, ella me decía "chivis" y me decía "ahora tu eres mi mama"

Una amiga me dijo un día: ¿Sra. Silvia porque usted cuida a su suegra? Esa enfermedad consume a las personas que las cuidan mucho más que a ellos que están enfermitos, yo tuve a mi madre por diez años así y es progresiva, falta que se violente, se desnude y se salga de la casa desorientada, esta enfermedad la debe pasar con sus hijas que son las únicas que pueden resistir esa dura enfermedad, porque eso ha ocasionado que los ancianos sean maltratados"

Le respondí que sus hijas vivían en Estados Unidos y trabajaban y no podían atenderla. Además soy más hija que nuera.

Qué razón tenía mi amiga, con el tiempo comenzó a ponerse más agresiva, a la única que golpeo fue a la chica que me ayudaba, conmigo ya tenía roces a pesar de todo no me insultaba abiertamente yo le decía que me respetara, que yo solo quería su bien. Cuando salía de casa y se quedaba al cuidado de otro hijo, hablaba solo mentiras, como que no le daba de comer, que no la quería sacar de la casa porque me avergonzaba de ella, que la maltratábamos y cosas negativas de la persona que la cuidaba.

Tuvimos que hablar como familia para conocer el progreso de la enfermedad y sus afectaciones y cuidar de no creer lo que inventaba la enfermedad en su cerebro. Lloraba siempre, un día se desespero en mi casa y me dijo "me voy a suicidar si no me llevan a mi casa" yo le respondí, "si usted se suicida Dios no la va recibir en el cielo, se va a ir a otro lugar muy feo" Si se detenía porque ella creía mucho en Dios, de todas formas manteníamos atención en ella para que no intentara algo.

Tuvieron que darle medicación para que no estuviera deprimida e inquieta. Creo que Dios fue benévolo con ella y con nosotros no le permitió llegar a las siguientes etapas. Un día mi esposo sintió que deberíamos llevarla a su casa en Río Bravo, algo que ella siempre deseaba en su corazón, morir en su casa, y la recogimos de con la sobrina la doctora y la llevamos a su hogar con mi cuñado, en el camino a su casa sentí orar por ella sintiendo que ya no la íbamos a ver mas no le dije nada a mi esposo para no asustarlo, nos despedimos de ella y lloro, le dio la bendición a su hijo. A la siguiente semana, mi esposo tuvo que hacer un viaje a varios países de Centro América y a la vez yo fui invitada a Honduras a dar una Conferencia con las Damas de Fihnec, El Lema de la Convención era acerca de Ruth y Nohemí, (suegra y nuera) al preparar el material, me di cuenta de la preciosa relación que tuve con mi suegra y esa tarde honre su vida en la Convención de Damas y en la noche me llama mi esposo que le avisaron que su madre estaba muy grave y que tenía que regresarse y yo le digo

"La responsabilidad de un hijo es ver a sus padres en vida, darles amor, atención, tus recursos, en vida como dijo la poeta, le dije que había cumplido con su madre, la atendió, le dio tiempo, cuidado y amor por muchos años, en vida, que recordara que fue lo que yo hice cuando mi padre estaba agonizando , que dejara que los muertos enterraran a sus muertos (mis cuñadas también conocen de Dios) pero si tu dolor es muy grande y no resistes amor, vete mi cielo a ver si la alcanzas".

Yo regrese de Honduras el siguiente día en la tarde y mis hijos me dan la noticia que su abuelita había fallecido en la madrugada., inmediatamente le llamo a mi esposo para ver cómo estaba y si había podido encontrar un vuelo de regreso y lo encuentro triste y con llanto, me platica la experiencia tan sobrenatural que había tenido esa madrugada, su madre fue a visitarlo y a despedirse de él, la vio con una gran sonrisa y muy joven acompañada de su abuelita, me comento que si él no hubiera pasado esa experiencia, no se lo hubiera creído ha nadie sobre esa visita. Ahí entendió que su madre sabía que no iba a poder volverla a ver y Dios le permitió a ella ir a despedirse de su hijo.

Cuando tú tienes esa conexión con EL DIOS MARAVILLOSO, aun en tus momentos más difíciles, te da la satisfacción de entregar a nuestros seres queridos con la esperanza de que un día los volveremos a ver.

- LE AMAMOS Y SE QUE ESTA GOZANDOSE EN LA PRESENCIA DE DIOS, ASI COMO ELLA LO DESEABA.

10

LA ALEGRIA NO DEPENDE
DE TU BELLEZA FISICA

Desde que nací dicen que fui una bella bebe y algo robusta, mi tía Carmen me hacía muchos cariños(es mi madrina) dice que tenía una piel tan tersa, que podía estar tocándome siempre, a ella le debo mi nombre ya que mis padres me querían poner "Clara". Según crecía me iba adelgazando, ya en mi adolescencia embarnecí para después quedar en una figura mediana, como ya narre antes, después de que falleció mi madre me refugie en mi orgullo, mas yo sabía que no era fea, además de que llegue adquirir una buena figura muy torneada que hacía que llamara la atención.

Me fui dando cuenta que eran mis atributos los que me ayudaban a sacar algunas ventajas de algunas situaciones, de hecho cuando me hice novia de mi esposo el me comento que lo que más le agrado fue mi belleza física

Cuando me recibo de la carrera técnica, consigo un trabajo como cajera en una refaccionaria, alrededor de mi solo había fierros y tornillos, un lugar poco femenino, un día llego una persona muy bien vestida a comprar una refacción, después me dio su tarjeta y me invito a una entrevista de trabajo para ingresar a un banco, mi jefe quien era muy buena persona me dio permiso y me dijo que el "quería que prosperara" Me hicieron la entrevista y un examen psicométrico y me contrataron, un día encontré la entrevista en el archivo de personal y el entrevistador puso una anotación extra que decía "Y ESTA MUY GUAPA" así que eso elevo mi autoestima, a partir de ese momento mi vida cambio, tenía que vestirme bien, comencé por maquillarme más para realzar mi belleza, también comencé a teñirme el pelo y a cuidar mi figura, ya que nos uniformaban y enviaban varios cambios para un año . La vanidad entro a mi vida, aunada con el orgullo que ya poseía, así que comencé a erguir otro Dios en mi vida aparte del trabajo. MI CUERPO

Todo el mundo a mi alrededor me admiraba, solo escuchaba halagos hacia mi persona, llegue a ser como la Bruja del cuento de Blanca Nieves, tenía un espejito siempre frente a mí para poder verme y preguntarle "espejito, espejito quien es la más bella" y yo creía que contestaba "Tu eres la más bella" siempre imponía modas, y cuando tuve mis hijos fui "esclava de las dietas" Subía un poco de peso pero me volvía a mi peso normal, hacia dietas de hambre, yo decía "si yo quiero subo y si yo quiero bajo de peso" Por eso **me creía el Dios de mi cuerpo.**

Cuando mi esposo me celaba, **bajaba mi autoestima** al inventarme historias con personas, su actitud hacia mí fue el ignorarme, por más que me arreglaba para él. Dejo de tener detalles conmigo, cuando yo le pedí el divorcio, me dijo que le diera una nueva oportunidad y yo acepte por el que dirán, el dice que comenzó a repetirse a sí mismo "no siento nada por ella" hasta que verdaderamente llego a no sentir nada por mí, por eso me ignoraba. Yo me gozaba en mi trabajo, allá me sentía admirada, pero en casa tenia a mi peor enemigo. Así que exageraba más mi forma de vestir me ceñía más la ropa, ya no era para que mi esposo me admirara, si no para que los demás me admiraran y comencé a arreglarme para la gente.

Recuerdo un día, me puse un top y un jeans de licra, casi me violan en la calle por ser tan provocativa, me arrepentí y deje de vestirme así por el susto que lleve. Cuando llego al conocimiento de Dios, comienzo a darme cuenta que ya no podía vestirme igual, que a Dios no le agradaba, que tenía que ser más recatada y empecé a vestirme mejor. Cuando mi esposo y yo nos perdonamos el comenzó a enamorarme nuevamente y a decirme cosas hermosas, ya no necesitaba exagerar en mi belleza, me levanto mi autoestima con tanto detalle.

Cuando cumplí treinta y nueve años, me comencé a sentir muy rara, de repente me entraba una ansiedad terrible y no sabía porque, después, calores intensos en mi cuello y taquicardias, cansancio, llanto incontrolable, dolor de huesos, dolor de cerebro, enojo, cambio de carácter, etc. Me vi en la necesidad de visitar a un ginecólogo y me hizo un chequeo hormonal el cual salió normal, pero al ver que tenía muchos síntomas, me receto un miligramo de estrógeno, mas no me dio contraindicaciones, de lo que iba a suceder después. A los seis meses comencé a engordar de forma muy exagerada, parecía un globo

Mucho volumen en mi rostro, volumen en mis brazos, mi busto, el estomago, las piernas. A donde quiera que asistía se impresionaban y me decían que te paso, ¡Estas bien gorda! Mi esposo me dijo estas poniéndote muy rara de tu cuerpo, por supuesto todo me afectaba y me deprimía así que le digo a mi esposo ¿Amor que prefieres bella figura o bello carácter? Y me contesta "prefiero tu buen carácter" "no me importa tu figura, ahora disfruto todo contigo, eres mi amiga, mi esposa y mi amante, no deseo a nadie más que a ti."

Miren esas palabras me las creí e hicieron sentirme
¡LA MUJER MÁS BELLA DEL MUNDO!
Me sentí como si fuera una Barbie, ahora que
estaba como una Barney. Cuando estuve como
una Miss México nunca me trato como ahora. De
hecho cuando yo me negaba a estar con él, en la
intimidad en el tiempo que estaba muy conservada
El me decía "que desperdicio".

AMIGAS...LA MEJOR CIRUGIA PLASTICA
QUE UNA MUJER PUEDE TENER ES... QUE
EL ESPOSO NOS TRATE COMO UNA REINA
¡NOS REJUVENECEMOS Y DE VERDAD NOS
HACEMOS BELLAS! NO IMPORTAN LOS KILOS

EL AMOR DE MI ESPOSO YA NO SE BASA
EN LO FISICO, SI NO EN LO QUE TIENE MAS
VALOR, LA BELLEZA INTERIOR Y TENER A
DIOS COMO CENTRO DE NUESTRA VIDA.

Un día empecé con un dolor en el brazo izquierdo
y a través de ello fui a visitar a un Endocrinólogo,
me peso y me dijo "usted está en el rango de
OBESIDAD" y le contesto **"lo se doctor pero soy
una gordita feliz"** y me contesta que me tengo que
cuidar para que mi corazón y las enfermedades no
me ataquen. Seguí sus instrucciones y me mando
con una nutrióloga la cual me dio una Nutrición y
a los tres meses baje diez kilos, la verdad no me
guste tanto por la edad sentía que la piel se estaba
bajando. Cuando mi esposo me ve me dice "no me

gusta que estés bajando tanto de peso" La verdad me reía porque es admirable lo que Dios hace en el corazón de las personas. He aumentado un poquito para poder agradar a mi esposo.

DIOS HA SIDO BUENO Y HACE TANTOS CAMBIOS EN NUESTRO CORAZON, AHORA VALORAMOS LO QUE DE VERDAD TIENE VALOR.

"HE APRENDIDO A CONTENTARME CUALQUIERA QUE SEA MI CONDICION"
Filipenses 4.11

"La belleza interior viene de un corazón agradecido porque ha hecho cambios muy grandes en la vida"

11

ADOPTANDO ROLES QUE NO NOS CORRESPONDEN

Según el Modelo de Erick Berne, Medico Psicoanalista,

Venimos a este mundo en una buena condición "todos nacemos bien" "todos nacemos príncipes y princesas". Después en nuestras relaciones con los demás tomamos decisiones auto limitadoras con las que nos convertimos en "sapos o ranas encantadas".

LOS ESTADO DEL YO PADRE -ADULTO – NIÑO

A.- En mi propia vida he podido darme cuenta de que tuve que madurar siendo una adolecente y adoptar un papel que no me correspondía, en lugar de ser hermana ser PADRE-(MADRE)-ADULTO al ser cabeza de mi hogar ya que mi padre me cedió sus derechos de decidir y el control de mi casa (económico y moral)

Mis actitudes:

SERIA

AUTORARIA

RESPONSABLE

DESCONFIADA

DECIDIDA

PROTECTORA

PROVEEDORA

El estado de "NIÑO"

No podía darme ese lujo, no había tiempo para eso. Amaba demasiado a mis hermanos, lloraba por ellos y me supere pensando en ellos, pero nunca se los demostré con afecto, solo con apoyo moral y económico, aplicaba castigos si se portaban mal, y si se portaban bien les daba regalos materiales solamente, como iba a dar amor si yo carecía de él.

Mis hermanos crecieron y se fueron a Estados Unidos algunos se casaron Un día escucharon que mi hija le habían detectado" Epilepsia" y habían comenzado las convulsiones, uno de ellos expreso *"Que bueno, Dios la está castigando porque fue muy mala con nosotros"* me sorprendí tanto y me entristecí a la vez, e hice el siguiente comentario:

"Si yo lo único que hice fue amarlos, educarlos y proveerles techo, comida y ropa, para mi fueron lo máximo, el motor de mi existencia" Eso era lo que sentía por ellos, eran mi mundo y de verdad que los amaba y los defendía contra todo, pero cometí un grave error ¡NUNCA SE LOS DIJE, NI SE LOS DEMOSTRE!

Ahora tenía que arreglar el error que cometí con ellos, reconocí que era cierto, me arrepentí de lo que hice, le pedí perdón a Dios y el siguiente paso era ir verlos a Kansas, pedirles perdón y sanar sus corazones.

Casualmente mi hermano Ricardo el más pequeño de los varones estaba a punto de contraer matrimonio, así que fuimos a la boda, toda la familia nos reunimos y al final, el nuevo matrimonio se fue de luna de miel "supuestamente." Mi padre y su esposa estaban en casa de mi hermana con nosotros y al siguiente día en la noche, le dije a mi hermana Norma mi plan, pero me alegre interiormente por qué no se daban las cosas , comente *"ya es bien tarde y mañana me voy a México, además Ricardo se fue de Luna de miel así que yo quería pedir perdón, pero no se han dado las cosas"* a la media hora aproximadamente, llega uno de mis hermanos el que hizo el comentario negativo acerca de mi castigo, después llega mi hermano el mayor de todos los varones con toda su familia y todavía no había entendido, de hecho no es fácil pedir perdón y pensé que ya me había librado.

¡Cuidado con lo que le prometemos a Dios, porque él hace que se cumpla! ¡S O R P R ES A!

Llegaron los que deberían de andar de Luna de Miel

¡Que más señal necesitaba para dar el paso…Nada solo hacerlo!

Así que le dije a mi esposo, ora por mi tengo que hablar con todos y con temor y vergüenza me atreví a PEDIR PERDON, a cada uno por no haberles demostrado mi amor y por haberles dado solo lo material y disciplinarlos duramente, le pedí perdón a mi padre por haberlo juzgado tanto tiempo por haberse casado y su esposa se adelanto y me pidió perdón a mi por haberse casado con mi padre. Yo le dije que al contrario que gracias por haber cuidado tan bien a mi papacito y darle su amor y compañía en su edad madura. Aquello se volvió un ambiente lleno de perdón y lágrimas.

Mi hermano Pablo (*mayor de los varones*) hablo por todos y llorando me dijo que no tenían nada que perdonar que solo agradecimiento tenían en su corazón hacia mí y a mi esposo por haberlos acogido siempre y apoyado en sus peores situaciones.

Mi padre se ponía la mano en su corazón de ver aquel cuadro tan hermoso y fuerte a la vez, éramos como niños de nuevo y reconciliándonos con Dios y acercando nuestros corazones, en unidad y amor dándole gracias a Dios por todo lo que había hecho en nuestras vidas que a pesar de todo Sufrimiento estábamos más unidos que nunca. Hasta el día de hoy.

EL ESTADO DEL YO "NIÑO" EN MI VIDA SE HA DESARROLLADO A TRAVEZ DE LAS LAGRIMAS DERRAMADAS TENER QUE HACERNOS COMO NIÑOS ACTUANDO COMO TAL CON MI HIJA SAM, CANTO, BAILO Y JUEGO CON ELLA.

La verdad que todavía me falta, dice la Biblia "QUE HAY QUE SER COMO NIÑOS PARA PODER ENTRAR EN EL REINO DE LOS CIELOS"

B.- En la vida de mi esposo EL ESTADO DEL "YO NIÑO" se acrecentó por la experiencia de su niñez, la paso al lado de sus abuelitos maternos a su padre no lo conoció, creció con maltrato físico y psicológico, frustrado por no poder jugar con sus regalos, solo podía verlos mas no tocarlos, vivió deseando estar con su madre y hasta los 12 años se hizo realidad.

Le falto desarrollarse en su vida, AL "YO ADULTO" así que desde ese tiempo hasta el día de hoy me siento **"mama"** de todos, hasta de mi esposo, supliendo lo que le falto en su niñez, en toda su vida emocional

Hubo un tiempo que él me cedió sus derechos cuando se iba a trabajar fuera de la ciudad y yo me encargaba de mis hijos, casa y gastos, el solo me enviaba su cheque yo tenía que ver como lo hacía rendir. Se me acomodo tan bien el mando que cuando el venia a casa y quería opinar acerca de algo yo lo callaba diciéndole que él no sabía cómo estaba todo y que no podía opinar, fui irrespetuosa con él, no le ayudaba tanto a que el pudiera ser EL "YO PADRE O ADULTO"

Después que me instruí en la palabra, me di cuenta de mi incompetencia como esposa, tenía que dejar de ser mama, para ocupar mi lugar y darle a él SU PAPEL DE CABEZA DE MI HOGAR Y SACERDOTE DE MI CASA.

DEJE DE SER LA AYUDA ERRONEA PARA CONVERTIRME EN SU AYUDA IDONEA

Me costó mucho dejar que el fuera mi proveedor aquí en la tierra ya que estaba acostumbrada a ganar dinero con mi trabajo, desde que el era estudiante yo ya ganaba buen sueldo, le hacia buenos regalos a todos, prestaba y no tenía que pedirle a nadie. Yo ya no trabajaba y le tuve que dar su lugar como cabeza de mi hogar y sacerdote de mi casa, tuve que morir al "yo" me costaba tremendamente tener que pedirle para los gastos, estaba Dios doblegando mi orgullo y lagrimas me costaron ser sujeta de autoridad impuesta por Dios en mi vida, también aprendí a quedarme callada. En proverbios aprendí :

"Más vale vivir en el borde de la azotea, que en una amplia mansión con una mujer pendenciea"
(Prov. 21:9)

Por mi transformación y obediencia, Dios hizo crecer en mi esposo EL "YO ADULTO Y PADRE" y le he dado su lugar en todo.

La Palabra "EZER" en hebreo significa "SOCORRO" este nombre se le da a la esposa

La Biblia dice: *No es bueno que el hombre este solo, voy a hacerle "una ayuda idónea"* hoy me he apropiado de esta promesa y apoyo a mi esposo, intercediendo por él y dándole palabras de aliento para que siga adelante en su llamado de servicio, así que ahora SOY SU SOCORRO, SU ESPOSA, PROFETA E INTERCESORA. "EL PODER DETRÁS DEL TRONO"

C.- En la Vida de mi hija Pamela, EL ESTADO DEL "YO ADULTO" NO FUE A TRAVES DE NINGUNA EXPERIENCIA, DIOS LA DISEÑO DESDE SU NACIMIENTO MADURA

Su personalidad desde niña fue así, no jugó con muñecas, era muy independiente, sus sueños y anhelos era entrar a la escuela, estudiar y estudiar cuando practicaba con mi hijo Abraham las tablas de multiplicar, ella las aprendía más rápido que él, y en vacaciones largas ella se aburría en casa lloraba porque quería ir a la escuela, yo le decía *"hijita tú no eres una niña normal"* por eso no encajaba con las niñas de su edad, hasta el día de hoy es muy madura en todo.

D.- En la vida de algunas amigas he visto otros comportamientos según su vida de infancia y matrimonio. Mi amiga "María" en su niñez tuvo un padre consentidor y muy protector, en su adolescencia se hizo novia de un amigo de sus hermanos algo mayor que ella y justamente cuando fallece su padre se casa con él y desde ese momento **adopto a su esposo como padre**, supliéndole disciplina y protección. Ella desarrollo el ESTADO "YO NIÑO"

E. Nuestro amigo Osiel es un hombre demasiado protector ya que en su infancia tuvo que **ADOPTAR EL YO ADULTO** por la ausencia prolongada de su padre además se le formo un carácter fuerte por el bullying que recibió en su infancia y juventud por alopecia y su esposa **ADOPTO EL CARÁCTER DE "YO NIÑO"** lo ve como un padre y depende de él que solo de pensar que le falte le da miedo no saber qué hacer.

ASI ME HE DADO CUENTA DE HISTORIAS, SEMEJANTES, EN DIFERENTES ROLES. Por eso me di a la tarea de investigar este fenómeno psicológico para buscar **un equilibrio en esta vida**.

12

LA ALEGRIA DE CUMPLIR
COMO ESPOSA EN
LA INTIMIDAD

Mi noviazgo duro siete años, demasiado tiempo, por motivos fuera de nuestro alcance, la Carrera de mi esposo después no encontraba trabajo de su profesión, se fue un tiempo a Estados Unidos y trabajo de apoyo a un contratista solo para cómprame mi anillo de compromiso.

La Biblia dice:

Así que les digo a los solteros y a las viudas: es mejor quedarse sin casar, tal como yo; pero si no pueden controlarse, entonces deberían casarse. Es mejor casarse que arder de pasión. *(1A. COR. 7:8)*

Yo no me consideraba una mala persona, la cuestión era que mi padre me dio mucha libertad o más bien dicho yo me sentí libre para decidir sobre mi vida, ya que contaba con la mayoría de edad, no pedía permiso, solo le avisaba donde iba a ir . Así que nadie me forzó a nada fue voluntariamente por que la carne es débil y tuvimos relaciones sexuales antes del matrimonio en una época que era inconcebible tal situación en un hogar decente. Ese pecado nos llevo a cometer otro pecado aun mayor "un aborto" por supuesto sin conocer nada sobre cuidados para no salir embarazada, no tenia quien me aconsejara, yo no sé si era inocente o me convenía creer que solo era una retención de la menstruación, una amiga de la infancia quien ya había tenido alguna experiencia similar, me aconsejo que brincara, me golpeara el estomago y remedios caseros y nada me funciono, después me aconsejo que debía ir a un lugar a hacerme un legrado o aborto, la verdad me asuste muchísimo, pero no podía darme el lujo de tener un bebe, en mi casa yo era "el ejemplo de hija" para mi padre y mis hermanos, además de que trabajaba en un lugar público y hasta el trabajo podía perder, después de tantos años de laborar.

Es una carga muy pesada, no perdonarte por lo que hiciste, el dolor físico y emocional tan intenso, sentirte sucia, malvada, hipócrita. Así continué mi vida, al siguiente año, mi esposo consiguió trabajo, me mande hacer mi vestido de novia, no fui capaz de hacerlo en color blanco, sabiendo que no estaba pura para hacerlo me lo confeccionaron en color beige antiguo, según esto porque era de moda, mas yo si sabía que era por ocultar mi pecado.

Como en mi casa había muchos niños y yo no quería que me fueran a ensuciar mi vestido, abandone a mi familia y me fui a casa de mi suegra para que ellas me ayudaran a vestirme, pague muy caro lo que hice, reconocí mi error de no quedarme con los míos en ese momento tan importante, fui la primera en irme a hacer un peinado y cuando regreso no había nadie de la familia de mi esposo porque se habían ido a peinar también, solo la niña de servicio, así pague mi error, pidiéndole a una niña que me ayudara a abrocharme mi vestido y acompañarme en mi arreglo personal, esa fue mi primer tristeza, la segunda fue que llegue a la iglesia esperando ver todo lleno de flores y oh sorpresa, mi tío que había quedado de pagar las flores de la iglesia se le olvido mi boda, así que me case llorando por las flores.

Asistieron muchísimos invitados a la boda, muy contenta porque mi novio había cumplido en casarse conmigo. Así que fue muy bonito todo, pero cuando estábamos solos siempre había ese recuerdo de lo que habíamos hecho el verano pasado. Por más que maquillemos las cosas eso es tan profundo que aflige siempre en tu vida. Después de eso dos años bellos de luna de miel a pesar de todo hasta que nació mi primer hija, la cual yo decidí planear ese embarazo, no Dios.

Después que nació mi hija, mi marido cambio se hizo **muy celoso** y amargo mi existencia, que así como decidí amarlo un día, ahora decidía odiarlo, aborrecerlo. Todo el día podía maltratarme psicológicamente y en la noche ya se le había pasado los celos y todo y en mi recamara ya era otro, tratando de tocarme y yo lo rechazaba solo resentimiento, rencor y falta de perdón tenía en corazón hacia él. Muchas veces tuve relaciones casi a la fuerza, solo por cumplir como esposa, llegue a tenerle un temor a que se hiciera de noche y entrar a mi habitación, solo de saber que ahí estaba mi verdugo. A veces me decía "que te pasa estas muy dura" y por mi orgullo nada le respondía, solo almacenaba todo en mi corazón, de esas veces que no deseaba estar con él nacieron mi hijo Abraham y mi hija Pamela, hijos no nacidos del amor si no de una relación por cumplir como esposa. A veces yo pensaba "porque no se encontrara una mujer para que me deje en paz y no me moleste" ¡Imagínense que tontería! Qué bueno que Dios no me escucho nunca.

Así que a veces traemos al mundo hijos que nacen solo por cumplir como esposas, o sea solo para procrear. Hasta que decidí perdonar a mi esposo por interés de que mi hija fuera sana, pude de verdad sentir lo que es estar sana de toda herida, pensé que eso no existía, que era religiosidad, ahora SOY TESTIGO DE QUE DIOS ES REAL EN MI VIDA Y QUE SI NOS AYUDA EN TODO MOMENTO.

Después de ese perdón, yo pude ver a mi esposo con otros ojos llenos de AMOR más no mío si no DE DIOS. El me volvió a conquistar y a través de una Conferencia que prepare para liberar a las mujeres en el área sexual, la primera en liberarme fui yo. Me libere de tabús, de las tradiciones de que el sexo es sucio, etc. ahora entendía que en la Biblia esta todo tan claro.

"No permitan que nadie los atrape con filosofías huecas y disparates elocuentes, que nacen del pensamiento humano y de los poderes espirituales de este mundo y no de Cristo" *(Colosenses 2:8)*

"En cuanto a la parte FISICA, poseemos cuerpos que comprenden:

LA SEXUALIDAD Y LA CAPACIDAD DE REPRODUCIRSE, que el hombre dejará a sus padres y se unirá a su mujer y se harán una sola carne" *(Génesis 2:24)*

Y ESTABAN DESNUDOS Y NO SE AVERGONZABAN

Cuantas veces estuve con mi esposo en la intimidad y me avergonzaba que me viera desnuda, la verdad no disfrutaba mi vida sexual, pensando que era por los errores que había cometido y la falta de paz. Aprendí que Dios deseaba que disfrutáramos el uno del otro y no solo cumplir como esposa sin sentir nada.

Que Dios deseaba el Placer Físico como el Espiritual. Aprobando el satisfacerse mutuamente. Lo que no le agrada son las relaciones fuera del matrimonio.

DIOS EN SU MARAVILLOSA CREACION NOS DISEÑO PERFECTAMENTE CON ORGANOS Y SENTIDOS PARA DISFRUTARNOS MUTUAMENTE.

Salomón escribió Cantar de Cantares sobre su amada

¡Qué bella eres, qué encantadora, oh amor, oh delicias!

Tu talle se parece a la palmera, tus pechos, a los racimos.

Me dije: Subiré a la palmera, recogeré sus frutos.

¡Sean tus pechos como racimos de uvas, el perfume de tu aliento

Como el de las manzanas, Tu paladar como vino generoso!

El va derecho hacia mi amado, como fluye en los labios

De los que dormitan. Yo soy para mi amado,

Y hacia mí tiende su deseo.

¡Oh, ven, amado mío, salgamos al campo!

Pasaremos la noche en las aldeas.

A partir de ese aprendizaje fui otra le pedí perdón a Dios por mis errores del pasado y me libero, sentí su perdón y su Amor, me dio una nueva oportunidad de hacer que funcionara nuestro matrimonio le pedí que me ayudara a cooperar en todo y a entender…

QUE LA VIDA SEXUAL OCUPA UN 70% DE IMPORTANCIA EN LOS MATRIMONIOS PARA PODER SER FELICES…UN 30% ES TODO LO DEMAS

Pedí perdón por el tiempo que perdimos y por tanto negarme. Por ofrecerlo a otras mujeres en mi corazón. Aprendí que debemos comunicar todo lo que sentimos aun si por algún momento se abstienen las relaciones y que no sea por mucho tiempo a menos que sean momentos para estar con Dios.

A partir de entonces practicamos **El poner en manos de Dios nuestra Relación intima** ya que Dios está en todo lugar, hasta en ese momento nos da su bendición.

13

LA ALEGRIA EN EL
SERVICIO A DIOS

**Desde que conocí a Jesús y le entrega mi
vida, de verdad que me enamore de EL.**

Aprendí a hablar con él como mi padre y deje
de hacer oraciones prefabricadas que no tenían
poder en mi vida. Ahora le contaba mis penas, mis
sueños, mis deseos y podía sentir sus respuestas a
través de su presencia de Amor tan inexplicable en
mi vida que me quebraba en sollozos, para mí fue
algo nuevo y me empecé a gozar y a darme cuenta
que era real y no un invento. Ya había tenido una
experiencia con Jesús en mi denominación y me
ayudo mucho, pero mi vida no cambiaba, estuve
en un círculo bíblico y leía la biblia mas no la
entendía y me aburría, de hecho me dormía.

Así que cuando entro a FIHNEC y me lo presentan de una forma sencilla y práctica, a través de testimonios de Poder empiezo a sentir la presencia de su Espíritu Santo que tampoco conocía ¡ME IMPRESIONO! Me quito una venda de los ojos y me comenzó a revelar en que aéreas estaba mal, ahora si podía entender su palabra, me entro un hambre por saber más y más, mis amigas me decían que yo quería correr cuando era una bebe espiritual, que tenía que beber leche, después algo mas solido como papilla para después entender que todo tenía su tiempo. Aun así oraba, ayunaba, leía la biblia, escuchaba una radio cristiana, aprendí que su palabra dice:

"Así que la fe viene por oír, es decir, por oír la Buena Noticia acerca de Cristo"   *Romanos 10:17*

Mi primera experiencia de que la gente veía algo en mi (ahora sé que era su luz) fue cuando una invitada fue a la reunión , era maestra se me acerco y me dijo "Puedo ir a tu casa a hablar contigo, es que me inspiras mucha confianza" no me pude negar pero estaba muy asustada no sabía que le iba a aconsejar, y dije en mi pensamiento "porque no le dijo a alguien con más experiencia" Sin embargo llegue a casa le conté a mi esposo, me fui a orar y le dije a Dios, "no sé qué hacer ayúdame por favor" Llego la maestra, comenzó a contarme todos sus problemas y yo solo escuche y escuche, al final me dice gracias por escucharme me hizo mucho bien hablar contigo, yo me sorprendí más que ella y entendí que ya tenía algo en mi que Dios estaba usando para poner a su servicio, que era ESCUCHAR AL AFLIGIDO.

Las compañeras con más tiempo me enseñaban, yo quería que mi familia le conociera, algunos me rechazaban empezando por mi familia, mis hermanas se juntaban a convivir y no me invitaban, si me dolía, también mis amistades sociales se apartaron de mi, nadie me invitaba a ningún evento, si dolía mas lo supere. Un día quise llevar a mi hermana mayor como invitada y como su esposo era muy especial y no la dejaba salir, invente una mentira para que le dijera al esposo y me acompañara, agradezco a Dios por las damas con más experiencia en el camino de Dios que me corrigieron acerca de MENTIR, me dijo "si es con mentiras mejor que no venga" me dio tanta vergüenza y ahí me di cuenta que eso era Un estilo de vida que yo tenía, "las mentiras blancas" desde ese tiempo **decidí a cambiar** y no decir mentiras y si alguna vez le fallo inmediatamente me redarguye de pecado y me corrige,

Porque "DIOS AL QUE AMA DISCIPLINA"

Después oraba por la gente y había sanidades, milagros y liberaciones. Dios comenzó a usarme con su Poder. Así como Dios uso a la compañera para corregirme de mi mal camino ahora tenía un celo espiritual, aun en el Servicio de Dios hay dificultades, comenzó una competencia por el liderazgo. Fue una lucha muy grande. Cuando establecieron la verdadera Visión en FIHNEC, sacaron la religiosidad, la mayoría de las damas mas antiguas, se fueron y solo quedamos cuatro mujeres que de rodillas pedíamos a Dios que llegaran nuevas damas, en ese tiempo mi compañera, también se retiro, con el tiempo aquel grupo volvió a resurgir y se lleno de mujeres, la mayoría de la gente recurría a mí para que orara por sus necesidades ya que era una nueva generación y las demás no se sentían capacitadas para hacerlo.

La líder que me celaba regreso, lo único que hacía era estar platicando con todas, interrumpiendo el orden. Un tiempo después empecé a sentirme muy mal por síntomas pre menopáusicos, mucho cansancio y les pedí que si alguien me podía apoyar, nadie quiso tomar el control y ella me dijo que me ayudaba con el grupo, yo no me estaba retirando, solo la responsabilidad me había pesado por mi salud. Tomo el control y desde ese momento se volvió mi enemiga, no me tomaba en cuenta, si opinaba me ignoraba, cambio reglas por su voluntad. Yo regresaba a casa siempre muy molesta y le platicaba a mi esposo. Un día mi esposo me dice "ya no asistas más, siempre vienes muy afectada y así no puedes ser de bendición para nadie" qué razón tenía, llore y un diciembre me retire.

Pase como Jesús por el viacrucis, por las mujeres que había dado mi tiempo y mis recursos por ir a orar por ellas y, su familia, aun en la noche dejaba a mis hijos por ir a donde me pedían que fuera, de repente nadie se acordó de mí, me sentí abandonada, olvidada, ni mi mejor amiga me busco. Llore mucho me sentí traicionada, abandonada y olvidada. En febrero día del amor escuche en la radio cristiana, si tienes una enemiga es el momento de hacerla tu amiga en el nombre de Jesús toma el teléfono y háblale y pídele perdón, la verdad que no le llame a ella hable a una florería y le envié un ramo de flores con una tarjeta donde le pedía perdón por todo lo que yo le había afectado. Esa misma noche había un Evento de matrimonios de FIHNEC y la salude, nos besamos y me comento "me gusto mucho lo que me mandaste" y me dijo "luego hablamos", yo estaba muy contenta porque ya me había perdonado, pero no fue así, dejo de hablarme cuatro años. Yo hice mi parte sé que eso ya no me correspondía a mí, sino a ella y su relación con Dios, yo ya había obedecido.

Aun así me quede en casa deprimida por un tiempo porque ya no podía servirle. Sucedió que Dios me hablo a través de una canción donde me decía "Tienes que menguar para que crezca Yo" y le pregunte no te entiendo Señor y me recordó que la gente "me adulaba" y yo reconocía de apariencia que la Honra y la Gloria era para Dios, más en mi corazón me gustaba que dijeran mi nombre ¡YO LE ESTABA ROBANDO SU GLORIA! Con vergüenza le pedí perdón y le dije "Nunca Señor me dejes ir a ningún lugar si tu no vas delante de mí, yo nada se, nada puedo y nada tengo, pero contigo GRANDES COSAS PASARAN y ¡NO VUELVO A ROBARTE NI UN CACHITO DE TU GLORIA, NUNCA MAS!

Después le dije "Mejor no haberte conocido Señor tanto que me has dado y yo aquí oxidándome, la gente enferma y con problemas y yo aquí encerrada en mi casa" hasta que un día me dijo mi esposo "ya no te quiero ver así levántate, cuéntame que quieres hacer yo te apoyo, nada mas no me dejes desatendida la casa ni a mis hijos se que Dios te va a prosperar en lo que emprendas y yo te doy mi bendición" yo le conteste "Me gustaría salir a las colonias y evangelizar, así como juntan a 5 o 6 personas para presentarles unos productos (cremas o sartenes) yo quiero presentarles al mejor AL SEÑOR DE SEÑORES Y AL REY DE REYES".

Así comencé con una nueva forma de evangelizar, una amiga me dijo cuantas mujeres quieres que te junte en mi casa, yo te junto unas veinte, y así hicimos la primera reunión en una colonia de mi ciudad con magníficos resultados y el respaldo de Dios.

Una amiga hermosa que estaba en FIHNEC me fue a buscar a casa y me dijo "tú eres mi líder, a donde tu vayas yo te sigo" ya éramos dos sirviendo a Dios, mas lo único que yo sabía hacer era dar testimonio de cambio de vida que es la herramienta que usamos en FIHNEC y a la siguiente reunión mi amiga Xochitl dio su testimonio mi plan era ir a una colonia y después a otra, mas Dios cambio planes porque las damas que estuvieron en la primera reunión querían asistir a la segunda y les dije déjeme hablar con la de la casa siguiente porque no sé si haya espacio, como podíamos estar en una casa de "gente bien" la siguiente semana podíamos estar en una casa "muy humilde" y la verdad que aquello creció, el problema que teníamos mi amiga y yo era que ya no sabíamos que mas compartir, el testimonio ya lo sabían, le dije trae enseñanza de tu iglesia y yo comencé a comprar libros en una Librería cristiana y empecé a leer, aprendía y aplicaba parte de mi vida que no había sido sanada en el área que trataba el libro, yo recibía de parte de Dios, recuerdo un tema de un libro "Como embellecer la lengua" estuvo bien fuerte pero para no ofender yo me ponía como ejemplo de la murmuración en mi vida, mi amiga me dijo un día, me tienes sorprendida por los temas que preparas, (ya que usaba una biblia de estudio y hacia temas más completos con bases bíblicas) me dice "yo traigo temas que alguien preparo, mas tu los haces, de verdad que Dios te está dando más dones"

No me había dado cuenta pero estaba aprendiendo algo nuevo por la necesidad de la gente y siempre había un nuevo testimonio de mi vida y lo aplicaba a los temas que compartía, ahí me di cuenta como DIOS A TRAVES DE TANTO SUFRIMIENTO ME HABIA PREPARADO PARA HABLAR ACERCA DE SUS MARAVILLAS EN DIFERENTES AREAS DE LA MUJER, ELLAS SE IDENTIFICABAN Y RECIBIAN SANIDAD DIVINA

Cuando el grupo estaba muy prospero íbamos para tres años, mi esposo le dan la Dirección Nacional de FIHNEC y me dijo "te necesito para abrir de nuevo los grupos de damas" (ya que el otro grupo de donde me salí, no prospero) llore tanto por salirme y ahora lloraba porque no quería regresar y dejar a las mujeres de las colonias, tuve que obedecer a mi esposo, sin embargo las invite, la gran mayoría se adhirieron al nuevo Grupo de Damas, el cual represento por aproximadamente doce años y casi veinte años de ser felices miembros activos de la organización.

YO PENSABA QUE LA FELICIDAD NO EXISTIA LLEGUE SIENDO UNA MUJER INFELIZ, PENSANDO QUE ASI ERA LA VIDA Y QUE TODOS LOS MATRIMONIOS TENIAN PROBLEMAS

¡La verdad no somos un matrimonio perfecto pero si feliz!

¡AHORA FORMO PARTE DE LA GENTE MAS FELIZ DE LA TIERRA!

Esta felicidad esta a tu alcance

Si tu vida ha sido triste y has perdido toda esperanza, te invitamos a que hagas la diferencia en este mundo en un ambiente de AMOR UNIDAD Y RESPETO

SI DE VERDAD LLEGO ESTE MENSAJE A TU CORAZON TE INVITO A HACER UN COMPROMISO

Reconozco que no soy lo que debería de ser

Reconozco que no tengo lo que debería de tener

Reconozco que he fallado a lo largo de mi vida

Me arrepiento y decido hacer un alto en mi vida

Señor Jesús Ven a mi vida y Dame un Nuevo corazón

Para adorarte y decido servirte con todo lo que tengo

Y aun lo que no tengo

ASI SEA.

Esta canción es para agradecer a Dios tanto amor y cambiar la Historia de mi vida de ¡SUFRIMIENTO A ALEGRIA!

Canción

"ALEGRIA DE SUFRIR"

Eres tú, eres tú
El motivo de mi canción
Por todo lo que me has dado
Desde que vine a este mundo

Agradecida estoy contigo
Porque sanaste mis heridas
Me has dado alegría
En medio de mi sufrir

Qué cosa tan rara
Yo no lo sabía
Que cuando más hondo
Cava el dolor
Mas alegría habrá en tu corazón

Dolor y tristeza son inseparables
Con una se come
Con otra se duerme
Ahora entiendo

Cuánto dolor
Cuanta tristeza
Cuanta soledad
Y yo que pensaba
Que tú me odiabas
Al quitarme todo lo que amabas
Me sentí muy abandonada

Más tú tenías planes
Me estabas formando
Para algo más grande
¡QUE GRAN ERROR!
Ahora sé que sin dolor
No hay alegría
Y sin sufrir
No alcanzaría madurez

Para ser aprobada por ti
Mi Jesús!!!
Deseaba tanto sentirme amada
Desde niña lo anhelaba
Más endurecí mi corazón
Y me hice fuerte a base de mi orgullo

Tú sabes Señor, estaba vacía
En esta vida, yo resentida
Con todo mundo
No era feliz

Hasta que llegaste tú
Y me diste la salida

Eres tú, eres tú,
El motivo de mi canción
Por todo lo que me has dado
¡POR LA ALEGRIA EN MEDIO
DEL DOLOR!

Referencia bibliografica

BIBLIA

NVI = Nueva Versión Internacional

NTV = Nueva Traducción Viviente

Reina Valera 1960 La Biblia Devocional de Estudio Reina Valera 1960